Sibylle Sailer (Hrsg.)

Du musst den Mond fragen

Sibylle Sailer (Hrsg.)

Du musst den Mond fragen

Märchen und wundersame Geschichten
vom Wünschen und Verwandeln

Mit Bildern von Tilman Michalski

Arena

In neuer Rechtschreibung

1. Auflage 2006
© Arena Verlag GmbH, Würzburg 2006
Alle Rechte vorbehalten
Einbandillustration: Tilman Michalski
Gesamtherstellung: Westermann Druck Braunschweig GmbH
ISBN 3-401-05277-2
ISBN 978-3-401-05277-9

www.arena-verlag.de

INHALTSVERZEICHNIS

Vorwort

Die Sonne weiß nicht, wohin der weiße Wolf gelaufen ist, und auch der Wind hat ihn nicht gesehen. Der Mond aber sieht alles. »Du musst den Mond fragen«, rät die Sonne der Königstochter. Dies Zitat aus Bechsteins Märchen »Der weiße Wolf« gibt unserer Sammlung ihren Titel. Der Mond, wie er sich stetig verändert, ist ja selbst eine wundersame Märchengestalt: Sein sanftes Licht verwandelt, was uns am Tag vertraut ist, macht es geheimnisvoll und bizarr. Seinem bald weißen, bald goldenen Rund überlassen träumerische Menschen ihre Sehnsüchte und Wünsche.

Im Märchen ist das Wunderbare Teil des Lebens und der Welt. Alle Dinge sind beseelt. Starke und böse Zauberkräfte stören, wohltätige Mächte bringen Gewünschtes. Gütige Feen, wohlwollende Zwerge, giftige Drachen, gallige Hexen und allerlei Zaubermittel sind am Werk. Gutes und Böses, Wünschen und Verwünschen, Verwandlung und Erlösung liegen nahe beieinander. Märchenhelden dürfen stets darauf hoffen, dass ihre Wünsche erfüllt werden, und darauf vertrauen, genau die Hilfe zu finden, die sie gerade brauchen. Und mit der verlässlichen Moral der Märchen wird der Gute belohnt, erhält der Böse seine gerechte Strafe.

In unseren Märchen wird oft leicht und schnell gewünscht. Wer aber sein Märchenglück erleben will, muss maßvoll wünschen oder mit Entschlossenheit, Mut, Tapferkeit und Ausdauer in die Erfüllung seines Wunsches hineinwachsen.

Nur dem, der ein mitfühlendes, sorgendes Herz hat, gelingt es, einen mächtigen Bann zu lösen, einen Verwunschenen und Verwandelten ins Menschsein zurückzuführen. Am wunderbaren Ende wartet auf uns eine Weisheit der Märchen: Im rechten Glück wohnt die Zufriedenheit.

Die Sehnsucht der Kinder nach einer ausgleichenden Gerechtigkeit in der Welt verlangt nach solchen Märchen. Die Märchen machen ihnen Mut, dem eigenen Geschick zu trauen, auf die eigenen Kräfte zu bauen und viel zu wagen. Sie stärken die Hoffnung, dass niemand allein durchs Leben gehen muss. Sie lassen sie darauf achten, wer am Weg steht, um ihnen zu helfen, oder wer ihren Beistand braucht.

Gerade die Märchen, die vom Verwandeln und Erlösen handeln, lieben Kinder besonders: Schneeweißchens und Rosenrots gutmütiger Bär ist ihrer Zuneigung sicher und wird bejubelt, wenn er zum strahlend schönen Königssohn wird. In eindringlichen Bildern erzählen diese Märchen von inneren Vorgängen und Wandlungen, die Kinder in sich selbst erleben oder als etwas erahnen, was ihnen künftig bevorsteht.

In unserer Sammlung finden sich viele beliebte klassische deutsche Volksmärchen. Aber dazu gibt es noch alte Dichtermärchen, die unsere Kinder noch niemals gehört haben mögen, die ihnen aber geheimnisvoll vertraut erscheinen, außerdem fremde Volksmärchen, erzählt von jemandem, der anderswo daheim ist.

Doch Märchen sind Märchen. Sie erzählen nach festen Mustern und im Märchenton. Die zwischen die Märchen gestreuten phantastischen Geschichten wollen eine andere, eine frische und kräftige Farbe in die Sammlung bringen: Zeitgenössische Autoren gehen mit Märchenmotiven und -figuren, mit alten Requisiten unbefangen um, brechen die alten Muster auf und ordnen sie neu, beleben sie mit Witz und Wortspiel, würzen sie mit Skurrilem und Nachdenklichem. Das Ende bleibt gelegentlich offen oder rätselhaft und verführt dazu, den Erzählfaden weiterzuspinnen.

Tilman Michalski hat all dieses schon vor uns gelesen und aufgenommen. Mit seinen Bildern öffnet er uns die Augen für die Bilder in den Märchen und in uns selbst. Die großen, riesengroßen, kleinen und winzigen Helden und Heldinnen werden durch ihn lebendig und laden uns ein zu verweilen. Im Buch – und in unserer Phantasie: dort, wo Märchen und wundersame Geschichten ein lebenslanges Wohnrecht haben.

Vom Wünschen und Verwünschen

BRÜDER GRIMM

Tischchen deck dich, Goldesel und Knüppel aus dem Sack

Vor Zeiten war ein Schneider, der drei Söhne hatte und nur eine einzige Ziege. Aber die Ziege, weil sie alle zusammen mit ihrer Milch ernährte, musste ihr gutes Futter haben und täglich hinaus auf die Weide geführt werden. Die Söhne taten das auch nach der Reihe. Einmal brachte sie der älteste auf den Kirchhof, wo die schönsten Kräuter standen, ließ sie da fressen und herumspringen. Abends, als es Zeit war heimzugehen, fragte er: »Ziege, bist du satt?« Die Ziege antwortete:

>*»Ich bin so satt,*
>
>*ich mag kein Blatt: meh! meh!«*

»So komm nach Haus«, sprach der Junge, fasste sie am Strickchen, führte sie in den Stall und band sie fest. »Nun«, sagte der alte Schneider, »hat die Ziege ihr gehöriges Futter?«

»Oh«, antwortete der Sohn, »die ist so satt, sie mag kein Blatt.« Der Vater aber wollte sich selbst überzeugen, ging hinab in den Stall, streichelte das liebe Tier und fragte: »Ziege, bist du auch satt?«

Die Ziege antwortete:

>*»Wovon sollt ich satt sein?*
>
>*Ich sprang nur über Gräbelein*
>
>*und fand kein einzig Blättelein: meh! meh!«*

»Was muss ich hören!«, rief der Schneider, lief hinauf und sprach zu dem Jungen: »Ei, du Lügner, sagst, die Ziege wäre satt, und hast sie hungern lassen?«, und in seinem Zorne nahm er die Elle von der Wand und jagte ihn mit Schlägen hinaus.

Am andern Tag war die Reihe am zweiten Sohn, der suchte an der Gartenhecke

11

einen Platz aus, wo lauter gute Kräuter standen, und die Ziege fraß sie rein ab. Abends, als er heimwollte, fragte er: »Ziege, bist du satt?« Die Ziege antwortete:

»Ich bin so satt,

ich mag kein Blatt: meh! meh!«

»So komm nach Haus«, sprach der Junge, zog sie heim und band sie im Stalle fest. »Nun«, sagte der alte Schneider, »hat die Ziege ihr gehöriges Futter?« »Oh«, antwortete der Sohn, »die ist so satt, sie mag kein Blatt.« Der Schneider wollte sich darauf nicht verlassen, ging hinab in den Stall und fragte: »Ziege, bist du auch satt?« Die Ziege antwortete:

»Wovon sollt ich satt sein?

Ich sprang nur über Gräbelein

und fand kein einzig Blättelein: meh! meh!«

»Der gottlose Bösewicht!«, schrie der Schneider, »So ein frommes Tier hungern zu lassen!«, lief hinauf und schlug mit der Elle den Jungen zur Haustüre hinaus.

Die Reihe kam jetzt an den dritten Sohn, der wollte seine Sache gut machen, suchte Buschwerk mit dem schönsten Laube aus und ließ die Ziege daran fressen. Abends, als er heimwollte, fragte er: »Ziege, bist du auch satt?« Die Ziege antwortete:

»Ich bin so satt,

ich mag kein Blatt: meh! meh!«

»So komm nach Haus«, sagte der Junge, führte sie in den Stall und band sie fest. »Nun«, sagte der alte Schneider, »hat die Ziege ihr gehöriges Futter?« »Oh«, antwortete der Sohn, »die ist so satt, sie mag kein Blatt.« Der Schneider traute nicht, ging hinab und fragte: »Ziege, bist du auch satt?« Das boshafte Tier antwortete:

»Wovon sollt ich satt sein?

Ich sprang nur über Gräbelein

und fand kein einzig Blättelein: meh! meh!«

»Oh die Lügenbrut!«, rief der Schneider, »einer so gottlos und pflichtvergessen wie der andere! Ihr sollt mich nicht länger zum Narren haben!«, und vor Zorn ganz außer sich sprang er hinauf und gerbte dem armen Jungen mit der Elle den Rücken so gewaltig, dass er zum Haus hinaussprang.

Der alte Schneider war nun mit seiner Ziege allein. Am andern Morgen ging er hinab in den Stall, liebkoste die Ziege und sprach: »Komm, mein liebes Tierlein, ich will dich selbst zur Weide führen.« Er nahm sie am Strick und brachte sie zu

grünen Hecken und unter Schafrippe, und was sonst die Ziegen gerne fressen. »Da kannst du dich einmal nach Herzenslust sättigen«, sprach er zu ihr und ließ sie weiden bis zum Abend. Da fragte er: »Ziege, bist du satt?« Sie antwortete:

>*Ich bin so satt,*
>
>*ich mag kein Blatt: meh! meh!«*

»So komm nach Haus«, sagte der Schneider, führte sie in den Stall und band sie fest. Als er wegging, kehrte er sich noch einmal um und sagte: »Nun bist du doch einmal satt!« Aber die Ziege machte es ihm nicht besser und rief:

>*»Wie sollt ich satt sein?*
>
>*ich sprang nur über Gräbelein*
>
>*und fand kein einzig Blättelein: meh! meh!«*

Als der Schneider das hörte, stutzte er und sah wohl, dass er seine drei Söhne ohne Ursache verstoßen hatte. »Wart«, rief er, »du undankbares Geschöpf, dich fortzujagen ist noch zu wenig, ich will dich zeichnen, dass du dich unter ehrbaren Schneidern nicht mehr darfst sehen lassen.« In einer Hast sprang er hinauf, holte sein Bartmesser, seifte der Ziege den Kopf ein und schor sie so glatt wie seine flache Hand. Und weil die Elle zu ehrenvoll gewesen wäre, holte er die Peitsche und versetzte ihr solche Hiebe, dass sie in gewaltigen Sprüngen davonlief.

Der Schneider, als er so ganz einsam in seinem Hause saß, verfiel in große Traurigkeit und hätte seine Söhne gerne wieder gehabt, aber niemand wusste, wo sie hingeraten waren.

Der älteste war zu einem Schreiner in die Lehre gegangen. Da lernte er fleißig und unverdrossen, und als seine Zeit herum war, dass er wandern sollte, schenkte ihm der Meister ein Tischchen, das gar kein besonderes Ansehen hatte und von gewöhnlichem Holz war: aber es hatte eine gute Eigenschaft. Wenn man es hinstellte und sprach: »Tischchen, deck dich«, so war das gute Tischchen auf einmal mit einem saubern Tüchlein bedeckt, und stand da ein Teller und Messer und Gabel daneben und Schüsseln mit Gesottenem und Gebratenem, so viel Platz hatten, und ein großes Glas mit rotem Wein leuchtete, dass einem das Herz lachte. Der junge Gesell dachte: »Damit hast du genug für dein Lebtag«, zog guter Dinge in der Welt umher und bekümmerte sich gar nicht darum, ob ein Wirtshaus gut oder schlecht und ob etwas darin zu finden war oder nicht. Wenn es ihm gefiel, so kehrte er gar nicht ein, sondern im Felde, im Wald, auf einer Wiese, wo er Lust hatte, nahm er sein Tischchen vom Rücken, stellte es vor sich und sprach: »Deck dich«, so war alles da, was sein Herz begehrte. Endlich kam es ihm in den Sinn, er wollte zu seinem Vater zurückkehren; sein Zorn würde sich gelegt haben, und mit dem Tischchen deck dich würde er ihn gerne wieder aufnehmen.

Es trug sich zu, dass er auf dem Heimweg abends in ein Wirtshaus kam, das mit Gästen angefüllt war: Sie hießen ihn willkommen und luden ihn ein, sich zu ihnen zu setzen und mit ihnen zu essen; sonst würde er schwerlich noch etwas bekommen. »Nein«, antwortete der Schreiner, »die paar Bissen will ich euch nicht vor dem Munde nehmen, lieber sollt ihr meine Gäste sein.« Sie lachten und meinten, er triebe seinen Spaß mit ihnen. Er aber stellte sein hölzernes Tischchen mitten in die Stube und sprach: »Tischchen, deck dich.« Augenblicklich war es mit Speisen besetzt, so gut wie sie der Wirt nicht hätte herbeischaffen können, und wovon der Geruch den Gästen lieblich in die Nase stieg. »Zugegriffen, liebe Freunde«, sprach der Schreiner, und die Gäste, als sie sahen, wie es gemeint war, ließen sich nicht zweimal bitten, rückten heran, zogen ihre Messer und griffen tapfer zu. Und was sie am meisten verwunderte: Wenn eine Schüssel leer geworden war, so stellte sich gleich von selbst eine volle an ihren Platz.

Der Wirt stand in einer Ecke und sah dem Dinge zu; er wusste gar nicht, was er sagen sollte, dachte aber: »Einen solchen Koch könntest du in deiner Wirtschaft wohl brauchen.«

Der Schreiner und seine Gesellschaft waren lustig bis in die späte Nacht; endlich legten sie sich schlafen, und der junge Geselle ging auch zu Bett und stellte sein Wünschtischchen an die Wand.

Dem Wirte aber ließen seine Gedanken keine Ruhe; es fiel ihm ein, dass in seiner Rumpelkammer ein altes Tischchen stände, das gerade so aussähe: Das holte er ganz sachte herbei und vertauschte es mit dem Wünschtischchen.

Am andern Morgen zahlte der Schreiner sein Schlafgeld, packte sein Tischchen auf, dachte gar nicht daran, dass er ein falsches hätte, und ging seiner Wege. Zu Mittag kam er bei seinem Vater an, der ihn mit großer Freude empfing.

»Nun, mein lieber Sohn, was hast du gelernt?«, sagte er zu ihm.

»Vater, ich bin ein Schreiner geworden.«

»Ein gutes Handwerk«, erwiderte der Alte, »aber was hast du von deiner Wanderschaft mitgebracht?«

»Vater, das Beste, was ich mitgebracht habe, ist das Tischchen.«

Der Schneider betrachtete es von allen Seiten und sagte: »Daran hast du kein Meisterstück gemacht, das ist ein altes und schlechtes Tischchen.«

»Aber es ist ein Tischchen deck dich«, antwortete der Sohn, »wenn ich es hinstelle und sage ihm, es sollte sich decken, so stehen gleich die schönsten Gerichte darauf und ein Wein dabei, der das Herz erfreut. Ladet nur alle Verwandte und Freunde ein, die sollen sich einmal laben und erquicken; denn das Tischchen macht sie alle satt.«

Als die Gesellschaft beisammen war, stellte er sein Tischchen mitten in die Stube und sprach: »Tischchen, deck dich.« Aber das Tischchen regte sich nicht und blieb so leer wie ein anderer Tisch, der die Sprache nicht versteht. Da merkte der arme Geselle, dass ihm das Tischchen vertauscht war, und schämte sich, dass er wie ein Lügner dastand. Die Verwandten aber lachten ihn aus und mussten ungetrunken und ungegessen wieder heimwandern. Der Vater holte seine Lappen wieder herbei und schneiderte fort, der Sohn aber ging bei einem Meister in die Arbeit.

15

Der zweite Sohn war zu einem Müller gekommen und bei ihm in die Lehre gegangen. Als er seine Jahre herumhatte, sprach der Meister: »Weil du dich so
wohl gehalten hast, so schenke ich dir einen Esel von einer besonderen Art, er
zieht nicht am Wagen und trägt auch keine Säcke.«

»Wozu ist er denn nütze?«, fragte der junge Geselle. »Er speit Gold«, antwortete
der Müller, »wenn du ihn auf ein Tuch stellst und sprichst: ›Bricklebrit‹, so speit
dir das gute Tier Goldstücke aus, hinten und vorn.«

»Das ist eine schöne Sache«, sprach der Geselle, dankte dem Meister und zog in
die Welt. Wenn er Gold nötig hatte, brauchte er nur zu seinem Esel »Bricklebrit«
zu sagen, so regnete es Goldstücke, und er hatte weiter keine Mühe, als sie von
der Erde aufzuheben.

Wo er hinkam, war ihm das Beste gut genug und je teurer, je lieber; denn er
hatte immer einen vollen Beutel.

Als er sich eine Zeit lang in der Welt umgesehen hatte, dachte er: »Du musst
deinen Vater aufsuchen. Wenn du mit dem Goldesel kommst, so wird er seinen
Zorn vergessen und dich gut aufnehmen.«

Es trug sich zu, dass er in dasselbe Wirtshaus geriet, in welchem seinem Bruder
das Tischchen vertauscht war. Er führte seinen Esel an der Hand, und der Wirt

wollte ihm das Tier abnehmen und anbinden, der junge Geselle aber sprach: »Gebt Euch keine Mühe, meinen Grauschimmel führe ich selbst in den Stall und binde ihn auch selbst an; denn ich muss wissen, wo er steht.«

Dem Wirt kam das wunderlich vor, und er meinte, einer, der seinen Esel selbst besorgen müsste, hätte nicht viel zu verzehren: Als aber der Fremde in die Tasche griff, zwei Goldstücke herausholte und sagte, er sollte nur etwas Gutes für ihn einkaufen, so machte er große Augen, lief und suchte das Beste, das er auftreiben konnte.

Nach der Mahlzeit fragte der Gast, was er schuldig wäre; der Wirt wollte die doppelte Kreide nicht sparen und sagte, noch ein paar Goldstücke müsste er zulegen. Der Geselle griff in die Tasche, aber sein Gold war eben zu Ende. »Wartet einen Augenblick, Herr Wirt«, sprach er, »ich will nur gehen und Gold holen«, nahm aber das Tischtuch mit.

Der Wirt wusste nicht, was das heißen sollte, war neugierig, schlich ihm nach, und da der Gast die Stalltüre zuriegelte, so guckte er durch ein Astloch. Der Fremde breitete unter dem Esel das Tuch aus, rief: »Bricklebrit«, und augenblicklich fing das Tier an, Gold zu speien von hinten und vorn, dass es ordentlich auf die Erde herabregnete.

»Ei der tausend«, sagte der Wirt, »da sind die Dukaten bald geprägt! So ein Geldbeutel ist nicht übel!«

Der Gast bezahlte seine Zeche und legte sich schlafen, der Wirt aber schlich in der Nacht herab in den Stall, führte den Münzmeister weg und band einen andern Esel an seine Stelle.

Den folgenden Morgen in der Frühe zog der Geselle mit seinem Esel ab und meinte, er hätte seinen Goldesel. Mittags kam er bei seinem Vater an, der sich freute, als er ihn wiedersah, und ihn gerne aufnahm.

»Was ist aus dir geworden, mein Sohn?«, fragte der Alte.

»Ein Müller, lieber Vater«, antwortete er.

»Was hast du von deiner Wanderschaft mitgebracht?«

»Weiter nichts als einen Esel.«

»Esel gibt's hier genug«, sagte der Vater, »da wäre mir doch eine gute Ziege lieber gewesen.«

»Ja«, antwortete der Sohn, »aber es ist kein gemeiner Esel, sondern ein Goldesel: Wenn ich sage ›Bricklebrit‹, so speit Euch das gute Tier ein ganzes Tuch voll Goldstücke. Lasst nur alle Verwandte herbeirufen, ich mache sie alle zu reichen Leuten.«

»Das lass ich mir gefallen«, sagte der Schneider, »dann brauch ich mich mit der Nadel nicht weiter zu quälen«, sprang selbst fort und rief die Verwandten herbei.

Sobald sie beisammen waren, hieß sie der Müller Platz machen, breitete sein Tuch aus und brachte den Esel in die Stube.

»Jetzt gebt Acht«, sagte er und rief: »Bricklebrit«, aber es waren keine Goldstücke, was herabfiel, und es zeigte sich, dass das Tier nichts von der Kunst verstand; denn es bringt's nicht jeder Esel so weit.

Da machte der arme Müller ein langes Gesicht, sah, dass er betrogen war, und bat die Verwandten um Verzeihung, die so arm heimgingen, als sie gekommen waren. Es blieb nichts übrig: Der Alte musste wieder nach der Nadel greifen und der Junge sich bei einem Müller verdingen.

Der dritte Bruder war zu einem Drechsler in die Lehre gegangen, und weil es ein kunstreiches Handwerk ist, musste er am längsten lernen. Seine Brüder aber meldeten ihm in einem Briefe, wie schlimm es ihnen ergangen wäre und wie sie der Wirt noch am letzten Abende um ihre schönen Wünschdinge gebracht hätte.

Als der Drechsler nun ausgelernt hatte und wandern sollte, so schenkte ihm sein Meister, weil er sich wohl gehalten, einen Sack und sagte: »Es liegt ein Knüppel darin.«

»Den Sack kann ich umhängen, und er kann mir gute Dienste leisten, aber was soll der Knüppel darin? Der macht ihn nur schwer.«

»Das will ich dir sagen«, antwortete der Meister, »hat dir jemand etwas zu Leid getan, so sprich nur: ›Knüppel, aus dem Sack‹, so springt dir der Knüppel heraus unter die Leute und tanzt ihnen so lustig auf dem Rücken herum, dass sie sich acht Tage lang nicht regen und bewegen können; und eher lässt er nicht ab, als bis du sagst: ›Knüppel, in den Sack‹.«

Der Gesell dankte ihm, hing den Sack um, und wenn ihm jemand zu nahe kam und auf den Leib wollte, so sprach er: »Knüppel, aus dem Sack«, alsbald sprang der Knüppel heraus und klopfte einem nach dem andern den Rock oder das Wams gleich auf dem Rücken aus und wartete nicht erst, bis er ihn ausgezogen hatte; und das ging so geschwind, dass, eh sich's einer versah, die Reihe schon an ihm war.

Der junge Drechsler langte zur Abendzeit in dem Wirtshaus an, wo seine Brüder waren betrogen worden. Er legte seinen Ranzen vor sich auf den Tisch und fing an zu erzählen, was er alles Merkwürdiges in der Welt gesehen habe. »Ja«, sagte er, »man findet wohl ein Tischchen deck dich, einen Goldesel und dergleichen: lauter gute Dinge, die ich nicht verachte, aber das ist alles nichts gegen den Schatz, den ich mir erworben habe und mit mir da in meinem Sack führe.«

Der Wirt spitzte die Ohren: »Was in aller Welt mag das sein?«, dachte er. »Der Sack ist wohl mit lauter Edelsteinen angefüllt; den sollte ich billig auch noch haben; denn aller guten Dinge sind drei.«

Als Schlafenszeit war, streckte sich der Gast auf die Bank und legte seinen Sack als Kopfkissen unter. Der Wirt, als er meinte, der Gast läge in tiefem Schlaf, ging herbei, rückte und zog ganz sachte und vorsichtig an dem Sack, ob er ihn vielleicht wegziehen und einen andern unterlegen könnte.

Der Drechsler aber hatte schon lange darauf gewartet; wie nun der Wirt eben einen herzhaften Ruck tun wollte, rief er: »Knüppel, aus dem Sack.«

Alsbald fuhr das Knüppelchen heraus, dem Wirt auf den Leib, und rieb ihm die Nähte, dass es eine Art hatte. Der Wirt schrie zum Erbarmen, aber je lauter er schrie, desto kräftiger schlug der Knüppel ihm den Takt dazu auf dem Rücken, bis er endlich erschöpft zur Erde fiel.

Da sprach der Drechsler: »Wo du das Tischchen deck dich und den Goldesel nicht wieder herausgibst, so soll der Tanz von neuem angehen.«

»Ach nein«, rief der Wirt ganz kleinlaut, »ich gebe alles gerne wieder heraus, lasst nur den verwünschten Kobold wieder in den Sack kriechen.«

Da sprach der Geselle: »Ich will Gnade für Recht ergehen lassen, aber hüte dich vor Schaden!« Dann rief er: »Knüppel, in den Sack!«, und ließ ihn ruhen.

Der Drechsler zog am andern Morgen mit dem Tischchen deck dich und dem Goldesel heim zu seinem Vater.

Der Schneider freute sich, als er ihn wieder sah, und fragte auch ihn, was er in der Fremde gelernt hätte.

»Lieber Vater«, antwortete er, »ich bin ein Drechsler geworden.«

»Ein kunstreiches Handwerk«, sagte der Vater, »was hast du von der Wanderschaft mitgebracht?«

»Ein kostbares Stück, lieber Vater«, antwortete der Sohn, »einen Knüppel in dem Sack.«

»Was!«, rief der Vater. »Einen Knüppel! Das ist der Mühe wert! Den kannst du dir von jedem Baume abhauen.«

»Aber einen solchen nicht, lieber Vater: Sage ich: ›Knüppel, aus dem Sack‹, so springt der Knüppel heraus und macht mit dem, der es nicht gut mit mir meint, einen schlimmen Tanz und lässt nicht eher nach, als bis er auf der Erde liegt und um gut Wetter bittet. Seht ihr, mit diesem Knüppel habe ich das Tischchen deck dich und den Goldesel wieder herbeigeschafft, die der diebische Wirt meinen Brüdern abgenommen hatte. Jetzt lasst sie beide rufen und ladet alle Verwandten ein: Ich will sie speisen und tränken und will ihnen die Taschen noch mit Gold füllen.«

Der alte Schneider wollte nicht recht trauen, brachte aber doch die Verwandten zusammen. Da deckte der Drechsler ein Tuch in die Stube, führte den Goldesel herein und sagte zu seinem Bruder: »Nun, lieber Bruder, sprich mit ihm.«

Der Müller sagte: »Bricklebrit«, und augenblicklich sprangen die Goldstücke auf das Tuch herab, als käme ein Platzregen, und der Esel hörte nicht eher auf, als bis alle so viel hatten, dass sie nicht mehr tragen konnten. (Ich sehe dir's an, du wärst auch gerne dabei gewesen.)

Dann holte der Drechsler das Tischchen und sagte: »Lieber Bruder, nun sprich mit ihm.«

Und kaum hatte der Schreiner »Tischchen, deck dich« gesagt, so war es gedeckt und mit den schönsten Schüsseln reichlich besetzt.

Da ward eine Mahlzeit gehalten, wie der gute Schneider

noch keine in seinem Hause erlebt hatte, und die ganze Verwandtschaft blieb beisammen bis in die Nacht, und waren alle lustig und vergnügt. Der Schneider verschloss Nadel und Zwirn, Elle und Bügeleisen in einen Schrank und lebte mit seinen drei Söhnen in Freude und Herrlichkeit.

Wo ist aber die Ziege hingekommen, die schuld war, dass der Schneider seine drei Söhne fortjagte? Das will ich dir sagen. Sie schämte sich, dass sie einen kahlen Kopf hatte, lief in eine Fuchshöhle und verkroch sich hinein. Als der Fuchs nach Haus kam, funkelten ihm ein paar große Augen aus der Dunkelheit entgegen, dass er erschrak und wieder zurücklief. Der Bär begegnete ihm, und da der Fuchs ganz verstört aussah, so sprach er: »Was ist dir, Bruder Fuchs, was machst du für ein Gesicht?«

»Ach«, antwortete der Rote, »ein grimmig Tier sitzt in meiner Höhle und hat mich mit feurigen Augen angeglotzt.«

»Das wollen wir bald austreiben«, sprach der Bär, ging mit zu der Höhle und schaute hinein; als er aber die feurigen Augen erblickte, wandelte ihn ebenfalls Furcht an: Er wollte mit dem grimmigen Tiere nichts zu tun haben und nahm Reißaus. Die Biene begegnete ihm, und da sie merkte, dass es ihm in seiner Haut nicht wohl zu Mute war, sprach sie: »Bär, du machst ja ein gewaltig verdrießlich Gesicht, wo ist deine Lustigkeit geblieben?«

»Du hast gut reden«, antwortete der Bär, »es sitzt ein grimmiges Tier mit Glotzaugen in dem Hause des Roten, und wir können es nicht herausjagen.« Die Biene sprach: »Du dauerst mich, Bär, ich bin ein armes, schwaches Geschöpf, das ihr im Wege nicht anguckt, aber ich glaube doch, dass ich euch helfen kann.« Sie flog in die Fuchshöhle, setzte sich der Ziege auf den glatten geschorenen Kopf und stach sie so gewaltig, dass sie aufsprang, »meh! meh!« schrie und wie toll in die Welt hineinlief; und weiß niemand auf diese Stunde, wo sie hingelaufen ist.

HANS BAUMANN

Der Wunsch der Hirtin

Vor dem Schloss des Zaren lag ein großer Stein. Eines Tages ließ der Zar verkünden: »Wer es fertig bringt, diesen Stein zu schlachten, der hat bei mir einen Wunsch frei.«

Viele kamen, aber als sie den Stein sahen, waren sie ratlos.

Nun gab es in einem Dorf ein kluges, schönes Mädchen, das als Schafhirtin angestellt war. Die Hirtin verkleidete sich als Mann, ging zum Zaren und sagte: »Ich will den Stein schlachten.«

Viel Volk versammelte sich vor dem Schloss.

Der Zar sprach: »Nun, schlachte den Stein!«

Die Hirtin zog ein langes Messer und sagte zum Zaren: »Großer Zar, ich werde den Stein schlachten. Aber mach du den Stein erst mal lebendig!«

»Warum denn das?«, fragte der Zar.

»Weil man nur etwas Lebendiges schlachten kann.«

Alle waren über diese kluge Antwort erstaunt.

Der Zar sagte: »Du bist klüger als wir alle und du hast bei mir einen Wunsch frei. Vorher aber sollst du noch eine andere Aufgabe lösen. Komme nach drei Tagen noch einmal hierher! Du sollst dabei reiten und nicht reiten, du sollst mir ein Geschenk bringen und nicht bringen. Wir werden dich empfangen und nicht empfangen.«

Die Hirtin kehrte in ihr Dorf zurück und besorgte sich vier lebendige Hasen und zwei lebendige Tauben. Am dritten Tag machte sie sich auf den Weg zum Zarenschloss, begleitet von einem Bauern. Der Bauer trug die Hasen, jeden in einem Sack. Zum Bauern sagte die Hirtin: »Wenn ich sage, lass die Hasen los, dann lass sie los!«

Sie selbst nahm die beiden Tauben und setzte sich auf eine Ziege. Als sie sich

22

dem Schloss näherte, waren dort viele Leute versammelt, um sie zu empfangen, auch der Zar und sein Gefolge. Die Hirtin ließ den Bauern vorausgehen, und als er bei den vielen Leuten war, rief sie: »Lass sie los!«

Der Bauer ließ die vier Hasen frei. Alle bis auf den Zaren und sein Gefolge liefen den vier Hasen nach, um sie zu fangen.

Die Hirtin, die rittlings auf der Ziege saß, ging bald zu Fuß, die Ziege zwischen den Beinen, bald zog sie die Knie hoch und ritt auf der Ziege. Als sie beim Zaren angekommen war, bot sie ihm die beiden Tauben an, ließ sie aber wegfliegen, sobald der Zar seine Hände danach ausstreckte.

Und nun sagte die Hirtin zum Zaren: »Du siehst, großer Zar, die Leute haben mich empfangen und nicht empfangen. Ich bin geritten und nicht geritten. Ich habe dir ein Geschenk gebracht und nicht gebracht.«

Da sagte der Zar: »Du bist über die Maßen klug. Daher sollst du in Zukunft nicht nur der Nächste sein am Thron, sondern ich will dich halten, als wärst du mein Sohn.« Er stand vom Thron auf und sagte: »Und nun lass mich deinen Wunsch wissen.«

Die Hirtin sagte: »Dein Sohn kann ich nicht sein, denn ich bin ein Mädchen. Meinen Wunsch aber kannst du nun sicher erraten.«

Und natürlich erriet der Zar, der noch keine Zarin hatte, den Wunsch der Hirtin. Er nahm sie zur Frau und das ganze Volk freute sich.

(Nach einem Volksmärchen
aus Bulgarien)

BRÜDER GRIMM

Die treuen Tiere

Es war einmal ein Mann, der hatte gar nicht viel Geld und mit dem wenigen, das ihm übrig geblieben war, zog er in die weite Welt. Da kam er in ein Dorf, wo die Jungen zusammenliefen, schrien und lärmten.

»Was habt ihr vor, ihr Jungen?«, fragte der Mann. »Ei«, antworteten sie, »da haben wir eine Maus, die muss uns tanzen, seht einmal, was das für ein Spaß ist, wie die herumtrippelt!«

Den Mann aber dauerte das arme Tierchen und er sprach: »Lasst die Maus laufen, ihr Jungen, ich will euch auch Geld geben.«

Da gab er ihnen Geld und sie ließen die Maus los, und das arme Tier lief, was es konnte, in ein Loch hinein.

Der Mann ging fort und kam in ein anderes Dorf, da hatten die Jungen einen Affen, der musste tanzen und Purzelbäume machen, und sie lachten darüber und ließen dem Tier keine Ruh. Da gab ihnen der Mann auch Geld, damit sie den Affen losließen.

Danach kam der Mann in ein drittes Dorf, da hatten die Jungen einen Bären an der Kette, der musste sich aufrecht setzen und tanzen, und wenn er dazu brummte, war's ihnen eben recht. Da kaufte ihn der Mann auch los, und der Bär war froh, dass er wieder auf seine vier Beine kam, und trabte fort.

Der Mann aber hatte nun sein bisschen übriges Geld ausgegeben und hatte keinen roten Heller mehr in der Tasche. Da sprach er zu sich selber: »Der König hat so viel in seiner Schatzkammer, was er nicht braucht: Hungers kannst du nicht sterben, du willst da etwas nehmen, und wenn du wieder zu Geld kommst, kannst du's ja wieder hineinlegen.«

Also machte er sich über die Schatzkammer und nahm sich ein wenig davon, allein beim Herausschleichen ward er von den Leuten des Königs erwischt. Sie sagten, er wäre ein Dieb, und führten ihn vor Gericht, und weil er unrecht getan hatte, ward er verurteilt, dass er in einem Kasten sollte aufs Wasser gesetzt werden.

Der Kastendeckel war voll Löcher, damit Luft hineinkonnte; auch ward ihm ein Krug Wasser und ein Laib Brot mit hineingegeben.

Wie er nun so auf dem Wasser schwamm und recht in Angst war, hörte er was krabbeln am Schloss, nagen und schnauben; auf einmal springt das Schloss auf und der Deckel fährt in die Höhe, und stehen da Maus, Affe und Bär, die hatten's getan; weil er ihnen geholfen hatte, wollten sie ihm wieder helfen. Nun wussten sie aber nicht, was sie noch weiter tun sollten, und ratschlagten miteinander.

Indem kam ein weißer Stein in dem Wasser dahergerollt, der sah aus wie ein rundes Ei.

Da sagte der Bär: »Der kommt zu rechter Zeit, das ist ein Wunderstein: Wem der eigen ist, der kann sich wünschen, wozu er nur Lust hat.«

Da holte der Mann den Stein herauf, und wie er ihn in der Hand hielt, wünschte er sich ein Schloss mit Garten und Marstall, und kaum hatte er den Wunsch ausgesprochen, so saß er in dem Schloss mit dem Garten und dem Marstall, und war alles so schön und prächtig, dass er sich nicht genug verwundern konnte.

Nach einer Zeit zogen Kaufleute des Wegs vorbei. »Sehe einer«, riefen sie, »was da für ein herrliches Schloss steht, und das letzte Mal, wie wir vorbeikamen, lag da noch schlechter Sand.«

Weil sie nun neugierig waren, gingen sie hinein und erkundigten sich bei dem Mann, wie er alles so geschwind hätte bauen können.

Da sprach er: »Das hab ich nicht getan, sondern mein Wunderstein.«

»Was ist das für ein Stein?«, fragten sie. Da ging er hin, holte ihn herbei und zeigte ihn den Kaufleuten. Sie hatten große Lust dazu und fragten, ob er nicht zu erhandeln wäre, auch boten sie ihm alle ihre schönen Waren dafür.

Dem Manne stachen die Waren in die Augen, und weil das Herz unbeständig ist und sich nach neuen Dingen sehnt, so ließ er sich betören und meinte, die schönen Waren wären mehr wert als sein Wunderstein, und gab ihn hin.

Kaum aber hatte er ihn aus den Händen gegeben, da war auch alles Glück dahin, und er saß auf einmal wieder in dem verschlossenen Kasten auf dem Fluss und hatte nichts als einen Krug Wasser und einen Laib Brot.

Die treuen Tiere, Maus, Affe und Bär, wie sie sein Unglück sahen, kamen wieder herbei und wollten ihm helfen, aber sie konnten nicht einmal das Schloss aufsprengen, weil's viel fester war als das erste Mal.

Da sprach der Bär: »Wir müssen den Wunderstein wieder schaffen, oder es ist alles umsonst.« Weil nun die Kaufleute in dem Schloss geblieben waren und da wohnten, so gingen die Tiere miteinander dahin, und wie sie nahe dabeikamen, sagte der Bär: »Maus, guck einmal durchs Schlüsselloch und sieh, was anzufangen ist; du bist klein, dich merkt kein Mensch.«

Die Maus war willig, kam aber wieder und sagte: »Es geht nicht, ich habe hineingeguckt, der Stein hängt unter dem Spiegel an einem roten Bändchen, und hüben und drüben sitzen ein paar große Katzen mit feurigen Augen, die sollen ihn bewachen.«

Da sagten die andern: »Geh nur wieder hinein und warte, bis der Herr im Bett liegt und schläft, dann schleich dich durch ein Loch hinein und kriech aufs Bett und zwick ihn an der Nase und beiß ihm seine Haare ab.«

Die Maus kroch wieder hinein und tat, wie die andern gesagt hatten. Der Herr wachte auf, rieb sich die Nase, war ärgerlich und sprach: »Die Katzen taugen nichts, sie lassen die Mäuse herein, die mir die Haare vom Kopf abbeißen«, und jagte sie alle beide fort. Da hatte die Maus gewonnenes Spiel.

Wie nun der Herr die andere Nacht wieder eingeschlafen war, machte sich die Maus hinein, knusperte und nagte an dem roten Band, woran der Stein hing, so lange, bis es entzwei war und der Stein herunterfiel; dann schleifte sie ihn bis zur Haustür. Das ward aber der armen kleinen Maus recht sauer, und sie sprach zum Affen, der schon auf der Lauer stand: »Zieh ihn mit deiner Pfote vollends heraus.«

Das war dem Affen ein Leichtes, er nahm den Stein in die Hand, und sie gingen miteinander bis zum Fluss. Da sagte der Affe: »Wie sollen wir nun zu dem Kasten kommen?«

Der Bär antwortete: »Das ist bald geschehen, ich gehe ins Wasser und schwimme: Affe, setz du dich auf meinen Rücken, halt dich aber mit deinen Händen fest und nimm den Stein ins Maul; Mäuschen, du kannst dich in mein rechtes Ohr setzen.«

Also taten sie und schwammen den Fluss hinab. Nach einiger Zeit ging's dem Bären zu still her, er fing an zu schwätzen und sagte: »Hör, Affe, wir sind doch brave Kameraden, was meinst du?«

Der Affe aber antwortete nicht und schwieg still.

»Ist das Manier?«, sagte der Bär. »Willst du deinem Kameraden keine Antwort geben? Ein schlechter Kerl, der nicht antwortet!«

Da konnte sich der Affe nicht länger zurückhalten, er ließ den Stein ins Wasser fallen und rief: »Dummer Kerl, wie könnt ich mit dem Stein im Mund dir antworten? Jetzt ist er verloren, und daran bist du schuld.«

»Zank nur nicht«, sagte der Bär, »wir wollen schon etwas erdenken.«

Da beratschlagten sie sich und riefen die Laubfrösche, Unken und alles Getier, das im Wasser lebt, zusammen und sagten: »Es wird ein gewaltiger Feind über euch kommen, macht, dass ihr Steine zusammenschafft, so viel ihr könnt, da wollen wir euch eine Mauer bauen, die euch schützt.«

Da erschraken die Tiere und brachten Steine von allen Seiten herbei; endlich kam auch ein alter dicker Quakfrosch aus dem Grund heraufgerudert und hatte das rote Band mit dem Wunderstein im Mund. Da war der Bär froh, nahm dem Frosch eine Last ab, sagte, es wäre alles gut, sie könnten wieder nach Hause gehen, und machten einen kurzen Abschied.

Darauf fuhren die drei den Fluss hinab zu dem Mann im Kasten, sprengten den Deckel mit Hilfe des Steins und waren zu rechter Zeit gekommen, denn er hatte das Brot schon aufgezehrt und das Wasser getrunken und war schon halb verschmachtet. Wie er aber den Wunderstein wieder in die Hände bekam, wünschte er sich eine gute Gesundheit und versetzte sich in sein schönes Schloss mit dem Garten und Marstall; da lebte er vergnügt, und die drei Tiere blieben bei ihm und hatten's gut ihr lebelang.

BRÜDER GRIMM

Das Wasser des Lebens

Es war einmal ein König, der war krank, und niemand glaubte, dass er mit dem Leben davonkäme. Er hatte aber drei Söhne, die waren darüber betrübt, gingen hinunter in den Schlossgarten und weinten. Da begegnete ihnen ein alter Mann, der fragte sie nach ihrem Kummer. Sie sagten ihm, ihr Vater wäre so krank, dass er wohl sterben würde; denn es wollte ihm nichts helfen. Da sprach der Alte: »Ich weiß noch ein Mittel, das ist das Wasser des Lebens; wenn er davon trinkt, so wird er wieder gesund: Es ist aber schwer zu finden.« Der älteste sagte: »Ich will es schon finden«, ging zum kranken König und bat ihn, er möchte ihm erlauben auszuziehen, um das Wasser des Lebens zu suchen; denn das könnte ihn allein heilen. »Nein«, sprach der König, »die Gefahr dabei ist zu groß, lieber will ich sterben.« Er bat aber so lange, bis der König einwilligte. Der Prinz dachte in seinem Herzen: »Bringe ich das Wasser, so bin ich meinem Vater der liebste und erbe das Reich.«

Also machte er sich auf, und als er eine Zeit lang fortgeritten war, stand da ein Zwerg auf dem Wege, der rief ihn an und sprach: »Wo hinaus so geschwind?« »Dummer Knirps«, sagte der Prinz ganz stolz, »das brauchst du nicht zu wissen«, und ritt weiter. Das kleine Männchen aber war zornig geworden und hatte einen bösen Wunsch getan. Der Prinz geriet bald hernach in eine Bergschlucht, und je weiter er ritt, je enger taten sich die Berge zusammen, und endlich ward der Weg so eng, dass er keinen Schritt weiter konnte; es war nicht möglich, das Pferd zu wenden oder aus dem Sattel zu steigen, und er saß da wie eingesperrt. Der kranke König wartete lange Zeit auf ihn, aber er kam nicht. Da sagte der zweite Sohn: »Vater, lass mich ausziehen und das Wasser suchen«, und dachte bei sich: »Ist mein Bruder tot, so fällt das Reich mir zu.« Der König wollt ihn anfangs auch nicht ziehen lassen, endlich gab er nach. Der Prinz zog also auf demselben Weg fort, den sein Bruder eingeschlagen hatte, und begegnete auch dem Zwerg, der ihn anhielt und fragte, wohin er so eilig wollte. »Kleiner Knirps«, sagte der Prinz, »das brauchst du nicht zu wissen«, und ritt fort, ohne sich weiter umzusehen.

Aber der Zwerg verwünschte ihn, und er geriet wie der andere in eine Bergschlucht und konnte nicht vorwärts und rückwärts. So geht's aber den Hochmütigen.

Als auch der zweite Sohn ausblieb, so erbot sich der jüngste, auszuziehen und das Wasser zu holen, und der König musste ihn endlich ziehen lassen. Als er dem Zwerg begegnete und dieser fragte, wohin er so eilig wolle, so hielt er an, gab ihm Rede und Antwort und sagte: »Ich suche das Wasser des Lebens; denn mein Vater ist sterbenskrank.«

»Weißt du auch, wo das zu finden ist?«

»Nein«, sagte der Prinz. »Weil du dich betragen hast, wie sich's geziemt, nicht übermütig wie deine falschen Brüder, so will ich dir Auskunft geben und dir sagen, wie du zu dem Wasser des Lebens gelangst. Es quillt aus einem Brunnen in dem Hofe eines verwünschten Schlosses, aber du dringst nicht hinein, wenn ich dir nicht eine eiserne Rute gebe und zwei Leiberchen Brot. Mit der Rute schlag drei Mal an das eiserne Tor des Schlosses, so wird es aufspringen: Inwendig liegen zwei Löwen, die den Rachen aufsperren.

Wenn du aber jedem ein Brot hineinwirfst, so werden sie still, und dann eile dich und hol von dem Wasser des Lebens, bevor es zwölf schlägt, sonst schlägt das Tor wieder zu und du bist eingesperrt.«

Der Prinz dankte ihm, nahm die Rute und das Brot und machte sich auf den Weg. Und als er anlangte, war alles so, wie der Zwerg gesagt hatte. Das Tor sprang beim dritten Rutenschlag auf, und als er die Löwen mit dem Brot gesänftigt hatte, trat er in das Schloss und kam in einen großen schönen Saal: Darin saßen verwünschte Prinzen, denen zog er die Ringe vom Finger, dann lag da ein Schwert und ein Brot, das nahm er weg. Und weiter kam er in ein Zimmer, darin stand eine schöne Jungfrau, die freute sich, als sie ihn sah, küsste ihn und sagte, er hätte sie erlöst und sollte ihr ganzes Reich haben, und wenn er in einem Jahre wiederkäme, so sollte ihre Hochzeit gefeiert werden. Dann sagte sie ihm auch, wo der Brunnen wäre mit dem Lebenswasser, er müsste sich aber eilen und daraus schöpfen, eh es zwölf schlüge. Da ging er weiter und kam endlich in ein Zimmer, wo ein schönes frisch gedecktes Bett stand, und weil er müde war, wollt er erst ein wenig ausruhen. Also legte er sich und schlief ein: Als er erwachte, schlug es drei Viertel auf zwölf. Da sprang er ganz erschrocken auf, lief zu dem Brunnen und schöpfte daraus mit einem Becher, der danebenstand, und eilte, dass er fortkam. Wie er eben zum eisernen Tor hinausging, da schlug's zwölf und das Tor schlug so heftig zu, dass es ihm noch ein Stück von der Ferse wegnahm.

Er aber war froh, dass er das Wasser des Lebens erlangt hatte, ging heimwärts und kam wieder an dem Zwerg vorbei. Als dieser das Schwert und das Brot sah, sprach er: »Damit hast du großes Gut gewonnen, mit dem Schwert kannst du ganze Heere schlagen, das Brot aber wird niemals all.« Der Prinz wollte ohne seine Brüder nicht zu dem Vater nach Haus kommen und sprach: »Lieber Zwerg, kannst du mir nicht sagen, wo meine zwei Brüder sind? Sie sind früher als ich nach dem Wasser des Lebens ausgezogen und sind nicht wiedergekommen.« »Zwischen zwei Bergen stecken sie eingeschlossen«, sprach der Zwerg, »dahin habe ich sie verwünscht, weil sie so übermütig waren.« Da bat der Prinz so lange, bis der Zwerg sie wieder losließ, aber er warnte ihn und sprach: »Hüte dich vor ihnen, sie haben ein böses Herz.«

Als seine Brüder kamen, freute er sich und erzählte ihnen, wie es ihm ergangen wäre, dass er das Wasser des Lebens gefunden und einen Becher voll mitgenommen und eine schöne Prinzessin erlöst hätte; die wollte ein Jahr lang auf ihn warten, dann sollte Hochzeit gehalten werden und er bekäme ein großes Reich. Danach ritten sie zusammen fort und gerieten in ein Land, wo Hunger und Krieg war, und der König glaubte schon, er müsste verderben, so groß war die Not.

Da ging der Prinz zu ihm und gab ihm das Brot, womit er sein ganzes Reich speiste und sättigte: Und dann gab ihm der Prinz auch das Schwert, damit schlug er die Heere seiner Feinde und konnte nun in Ruhe und Frieden leben.

Da nahm der Prinz sein Brot und Schwert wieder zurück, und die drei Brüder ritten weiter. Sie kamen aber noch in zwei Länder, wo Hunger und Krieg herrschten, und da gab der Prinz den Königen jedes Mal sein Brot und Schwert und hatte nun drei Reiche gerettet. Und danach setzten sie sich auf ein Schiff und fuhren übers Meer. Während der Fahrt, da sprachen die beiden ältesten unter sich: »Der jüngste hat das Wasser des Lebens gefunden und wir nicht, dafür wird ihm unser Vater das Reich geben, das uns gebührt, und er wird unser Glück wegnehmen.« Da wurden sie rachsüchtig und verabredeten miteinander, dass sie ihn verderben wollten. Sie warteten, bis er einmal fest eingeschlafen war, da gossen sie das Wasser des Lebens aus dem Becher und nahmen es für sich, ihm aber gossen sie bitteres Meerwasser hinein.

Als sie nun daheim ankamen, brachte der jüngste dem kranken König seinen Becher, damit er daraus trinken und gesund werden sollte. Kaum aber hatte er ein wenig von dem bittern Meerwasser getrunken, so ward er noch kränker als zuvor. Und wie er darüber jammerte, kamen die beiden ältesten Söhne und klagten den jüngsten an, er hätte ihn vergiften wollen, sie brächten ihm das rechte Wasser des Lebens, und reichten es ihm.

Kaum hatte er davon getrunken, so fühlte er seine Krankheit verschwinden und war stark und gesund wie in seinen jungen Tagen. Danach gingen die beiden zu dem jüngsten, verspotteten ihn und sagten: »Du hast zwar das Wasser des Lebens gefunden, aber du hast die Mühe gehabt und wir den Lohn; du hättest klüger sein und die Augen aufbehalten sollen, wir haben dir's genommen, während du auf dem Meere eingeschlafen warst, und übers Jahr, da holt sich einer von uns die schöne Königstochter. Aber hüte dich, dass du nichts davon verrätst, der Vater glaubt dir doch nicht, und wenn du ein einziges Wort sagst, so sollst du noch obendrein dein Leben verlieren, schweigst du aber, so soll dir's geschenkt sein.«

Der alte König war zornig über seinen jüngsten Sohn und glaubte, er hätte ihm nach dem Leben getrachtet. Also ließ er den Hof versammeln und das Urteil über ihn sprechen, dass er heimlich sollte erschossen werden. Als der Prinz nun einmal auf die Jagd ritt und nichts Böses vermutete, musste des Königs Jäger mitgehen. Draußen, als sie ganz allein im Wald waren und der Jäger so traurig aussah, sagte der Prinz zu ihm: »Lieber Jäger, was fehlt dir?« Der Jäger sprach: »Ich kann's nicht sagen und soll es doch.« Da sprach der Prinz: »Sage heraus, was es ist, ich will dir's verzeihen.«

»Ach«, sagte der Jäger, »ich soll Euch totschießen, der König hat mir's befohlen.« Da erschrak der Prinz und sprach: »Lieber Jäger, lass mich leben, da geb ich dir mein königliches Kleid, gib mir dafür dein schlechtes.« Der Jäger sagte: »Das will ich gerne tun, ich hätte doch nicht nach Euch schießen können.« Da tauschten sie die Kleider und der Jäger ging heim, der Prinz aber ging weiter in den Wald hinein.

Über eine Zeit, da kamen zu dem alten König drei Wagen mit Gold und Edelsteinen für seinen jüngsten Sohn: Sie waren aber von den drei Königen geschickt, die mit des Prinzen Schwert die Feinde geschlagen und mit seinem Brot ihr Land ernährt hatten und die sich dankbar bezeigen wollten. Da dachte der alte König: »Sollte mein Sohn unschuldig gewesen sein?«, und sprach zu seinen Leuten: »Wäre er noch am Leben, wie tut mir's so Leid, dass ich ihn habe töten lassen.«

»Er lebt noch«, sprach der Jäger, »ich konnte es nicht übers Herz bringen, Euern Befehl auszuführen«, und sagte dem König, wie es zugegangen war. Da fiel dem König ein Stein von dem Herzen und er ließ in allen Reichen verkündigen, sein Sohn dürfte wiederkommen und sollte in Gnaden aufgenommen werden.

Die Königstochter aber ließ eine Straße vor ihrem Schloss machen, die war ganz golden und glänzend, und sagte ihren Leuten, wer darauf geradeswegs zu ihr geritten käme, das wäre der Rechte, und den sollten sie einlassen, wer aber daneben käme, der wäre der Rechte nicht, und den sollten sie auch nicht einlassen. Als nun die Zeit bald herum war, dachte der Älteste, er wollte sich eilen, zur Königstochter gehen und sich für ihren Erlöser ausgeben, da bekäme er sie zur Gemahlin und das Reich daneben. Also ritt er fort, und als er vor das Schloss kam und die schöne goldene Straße sah, dachte er: »Das wäre jammerschade, wenn du darauf rittest«, lenkte ab und ritt rechts nebenher. Wie er aber vor das Tor kam, sagten die Leute zu ihm, er wäre der Rechte nicht, er sollte wieder fortgehen. Bald darauf machte sich der zweite Prinz auf, und wie er zur goldenen Straße kam, und das Pferd den einen Fuß darauf gesetzt hatte, dachte er: »Es wäre jammerschade, das könnte etwas abtreten«, lenkte ab und ritt links nebenher. Wie er aber vor das Tor kam, sagten die Leute, er wäre der Rechte nicht, er sollte wieder fortgehen. Als nun das Jahr ganz herum war, wollte der Dritte aus dem Wald fort zu seiner Liebsten reiten und bei ihr sein Leid vergessen. Also machte er sich auf und dachte immer an sie und wäre gerne schon bei ihr gewesen und sah die goldene Straße gar nicht. Da ritt sein Pferd mitten darüber hin, und als er vor das Tor kam, ward es aufgetan, und die Königstochter empfing ihn mit Freuden und sagte, er wär ihr Erlöser und der Herr des Königreichs, und ward die Hochzeit gehalten mit großer Glückseligkeit. Und als sie vorbei war, erzählte sie ihm, dass sein Vater ihn zu sich entboten und ihm verziehen hätte. Da ritt er hin und sagte ihm alles, wie seine Brüder ihn betrogen und er doch dazu geschwiegen hätte. Der alte König wollte sie strafen, aber sie hatten sich aufs Meer gesetzt und waren fortgeschifft und kamen ihr Lebtag nicht wieder.

BENNO PLUDRA

Ein Mädchen fand
einen Stein

Am Rande des Meeres, wo Wasser und Land einander immerfort berühren, fand ein Mädchen einen Stein, der leuchtete wie die Sonne am Abend. Er war glatt und blank, warm in der Hand, und das Mädchen lief ins Dorf zurück, um allen Leuten den Stein zu zeigen. Gleich bei den ersten Häusern stand eine Mühle, dort sah ein dicker Mann heraus. Die Mühle hatte vier mächtige Flügel, die drehten sich aber schon lange nicht mehr, und der Mann, der heraussah, war kein Müller, es war der Kunstmaler Seidelbast; die Mühle war sein Malerhaus. Das Mädchen sagte: »Ich habe einen Stein gefunden«, und hob die Hand, worin der Stein nun lag: rot wie die Sonne am Abend, doch der Seidelbast blickte nur wenig hin. Er sagte: »Ich habe soeben ein Bild vollendet.«

»Der Stein, wie er leuchtet«, sagte das Mädchen, doch der Seidelbast blickte wieder kaum hin, er sagte: »Ich habe soeben mein schönstes Bild vollendet.«

Nun verbarg das Mädchen den Stein und dachte bei sich: Er hat nur dauernd sein Bild im Kopf, hört nichts und sieht nichts, so dick, wie er ist. Die Mühle müsste sich drehn. Das war so gedacht, da begann sich die Mühle schon zu drehn. Die mächtigen Flügel, seit Jahren stumm, ächzten und stöhnten, rauschten im Wind, und der Seidelbast flog vom Fenster hinweg, und das Mädchen flog die Straße hinab. Was war auf einmal geschehn?

Im Dorf, die lange Straße hinab, fand sich kein Mensch, zu dem das Mädchen hätte reden können, dann aber, endlich, fand sich Walpurga Walpurgis. Dies war ein Mädchen gleichen Alters, lieblich anzusehn und täglich aufs Neue beneidet um ihre wunderschönen schwarzen Haare.

»Die Mühle, die Mühle!«, rief das Mädchen, doch Walpurga Walpurgis war in Eile, winkte nur freundlich und rief: »Ich komme morgen, schönen Gruß.«

»Die Mühle dreht sich!«, rief das Mädchen, doch Walpurga Walpurgis blieb in Eile, winkte nur wieder, wieder so freundlich, und das Mädchen, nun böse, dachte bei sich: Wenn sie doch grüne Haare hätte! Das war so gedacht, da wurden die Haare von Walpurgis schon grün. Eben noch glänzend, wie Ebenholz schwarz, wurden sie nun wie Waldmoos grün; das verschlug dem Mädchen Atem und Sprache.

Es rannte, rannte, es rannte nach Hause.

Dort, in der Küche, war die Mutter. Sonnenlicht blitzte in Töpfen und Tiegeln, die Kacheln wie Spiegel, die Fliesen ohne Staub, mitten darin die allzeit fleißige Mutter. Das Mädchen wollte reden, schnell wie ein Sturzbach: »Die Mühle, die Mühle, der Stein. Der Stein, die Mühle, die grünen Haare« – und immer so weiter ungefähr, doch die Mutter war schneller, ihre Stimme war schon zu hören, bevor das Mädchen noch die Türe schloss. »So spät, so spät. So spät«, sagte sie. »Warum denn kommst du so spät? Und siehst wieder aus, und sagst mir nichts. Sitzt da, stehst da, und sagst mir nichts. Kommst spät, siehst aus, und sagst mir nichts. Sagst mir einfach nichts.«

Das Mädchen blieb stumm, es sah eine Wolke: fern und leicht und weiß und still. Der Himmel war blau, die Wolke war still, und das Mädchen dachte: Sie hört mir zu – und wünschte sich fort auf die Wolke.

HANS CHRISTIAN ANDERSEN

Das Feuerzeug

Ein Soldat kam auf der Landstraße dahermarschiert: Eins, zwei! Eins, zwei! Er hatte seinen Tornister auf dem Rücken und einen Säbel an der Seite, denn er war im Krieg gewesen und nun wollte er nach Hause. Da traf er eine alte Hexe auf der Landstraße; sie war wirklich abscheulich, ihre Unterlippe hing ihr bis auf die Brust hinab. Sie sagte: »Guten Abend, Soldat! Du hast aber einen feinen Säbel und einen großen Tornister. Du bist ein richtiger Soldat! Nun sollst du so viel Geld haben, wie du willst!«

»Vielen Dank, du alte Hexe!«, sagte der Soldat.

»Kannst du den großen Baum sehen?«, sagte die Hexe und zeigte auf den Baum, der neben ihnen stand. »Der ist innen ganz hohl! Da kletterst du jetzt auf die Spitze, dann siehst du ein Loch, durch das du nach unten rutschen kannst und tief in den Baum hineinkommst. Ich binde dir einen Strick um den Leib, damit ich dich wieder hochziehen kann, wenn du mich rufst!«

»Was soll ich denn unten im Baum?«, fragte der Soldat.

»Geld holen!«, sagte die Hexe. »Du musst wissen, wenn du auf den Boden des Baumes kommst, dann bist du in einem großen Gang, der ist ganz hell, denn da brennen über hundert Lampen. Dann siehst du drei Türen, du kannst sie aufschließen, der Schlüssel steckt. Gehst du in die erste Kammer hinein, dann siehst du mitten im Raum eine große Truhe, auf der sitzt ein Hund; der hat ein Paar Augen, so groß wie Teetassen, aber daraus brauchst du dir nichts zu machen! Ich gebe dir meine blau gewürfelte Schürze mit, die kannst du auf dem Fußboden ausbreiten. Gehe nun schnell hin und nimm den Hund hoch, setze ihn auf meine Schürze, mach die Truhe auf und nimm so viele Geldstücke heraus, wie du willst. Sie sind allesamt aus Kupfer, möchtest du aber lieber Silber haben, dann gehst du in das nächste Zimmer; da sitzt aber ein Hund, der hat ein Paar Augen, so groß wie Mühlräder; aber daraus brauchst du dir nichts zu machen, setz ihn auf meine Schürze und nimm dir von dem Geld! Möchtest du dagegen Gold haben, kannst du auch das bekommen, und zwar so viel, wie du tragen kannst, wenn du in die dritte Kammer gehst. Aber der Hund, der dort auf der Geldtruhe sitzt, der hat zwei Augen, jedes so groß wie der runde Turm. Das ist ein richtiger Hund, kannst du mir glauben! Aber daraus brauchst du dir nichts zu machen! Setz ihn nur einfach auf meine Schürze, dann tut er dir nichts, und nimm du aus der Truhe so viel Gold, wie du willst!«

»Das wäre gar nicht so dumm!«, sagte der Soldat. »Aber was muss ich dir geben, du alte Hexe? Denn etwas willst du wohl auch davon haben, denke ich!«

»Nein«, sagte die Hexe, »nicht einen einzigen Schilling will ich haben. Du sollst für mich nur ein altes Feuerzeug mitbringen, das meine Großmutter vergessen hat, als sie das letzte Mal da unten war!«

»Soso! Dann bind mir den Strick um den Leib!«, sagte der Soldat.

»Hier ist er!«, sagte die Hexe.
»Und hier ist meine blau gewürfelte Schürze.«

Nun kletterte der Soldat auf den Baum, ließ sich in das Loch hineinplumpsen und stand, wie die Hexe gesagt hatte, unten in dem großen Gang, wo die vielen hundert Lampen brannten.

Nun machte er die erste Tür auf. Uh! Dort saß der Hund mit den Augen, so groß wie Teetassen, und stierte ihn an.

»Du bist ein braver Kerl!«, sagte der Soldat, setzte ihn auf die Schürze der Hexe und nahm so viele Kupfermünzen, wie er in seiner Tasche unterbringen konnte, schloss dann die Truhe, setzte

den Hund wieder drauf und ging in das zweite Zimmer. Ei! Da saß der Hund mit Augen, so groß wie Mühlräder.

»Du solltest mich nicht immerzu anschauen!«, sagte der Soldat. »Die Augen könnten dir davon wehtun!«, und dann setzte er den Hund auf die Schürze der Hexe; als er aber das viele Silbergeld in der Truhe sah, schmiss er alles Kupfergeld, das er hatte, weg und füllte seine Tasche und seinen Tornister bloß mit Silber. Nun ging er in die dritte Kammer! – Nein, das war grässlich! Der Hund da drinnen hatte wirklich zwei Augen, so groß wie der runde Turm! Und die liefen ihm im Kopf herum wie Räder!

»Guten Abend!«, sagte der Soldat und griff an die Mütze, denn so einen Hund hatte er noch nie gesehen. Als er sich ihn aber ein bisschen angesehen hatte, dachte er, nun mag es ja genug sein, hob ihn auf den Fußboden hinunter und machte die Truhe auf. Nein, du lieber Himmel! Was da für eine Menge Gold drin war! Dafür könnte er ganz Kopenhagen und die Zuckerschweinchen der Kuchenfrauen kaufen, alle Zinnsoldaten, Peitschen und Schaukelpferde, die es in der Welt gab! Ja, da war wirklich Geld! Nun warf der Soldat das Silbergeld, mit dem er seine Taschen und seinen Tornister gefüllt hatte, fort und nahm stattdessen Gold, ja, alle Taschen, der Tornister, die Mütze und die Stiefel wurden gefüllt, sodass er kaum gehen konnte! Nun hatte er Geld! Den Hund setzte er wieder auf die Truhe, schlug die Tür zu und rief dann durch den Baum hinauf: »Zieh mich nun hinauf, du alte Hexe!«

»Hast du das Feuerzeug mit?«, fragte die Hexe.

»Ach, richtig!«, sagte der Soldat. »Das hätte ich ganz vergessen«, und nun ging er hin und holte es. Die Hexe zog ihn herauf; und er stand wieder auf der Landstraße, die Taschen, Stiefel, den Tornister und die Mütze voller Geld.

»Was willst du nun mit diesem Feuerzeug?«, fragte der Soldat.

»Das geht dich gar nichts an!«, sagte die Hexe, »du hast jetzt Geld bekommen! Gib mir nur das Feuerzeug!«

»Schnickschnack!«, sagte der Soldat, »du sagst mir jetzt gleich, was du damit willst, oder ich ziehe meinen Säbel und haue dir den Kopf ab!«

»Nein!«, sagte die Hexe.

Da hieb ihr der Soldat den Kopf ab. Da lag sie! Aber er knüpfte all sein Geld in ihre Schürze, nahm sie wie ein Bündel auf den Rücken, steckte das Feuerzeug in die Tasche und ging schnurstracks in die Stadt.

Es war eine schöne Stadt und in dem schönsten Gasthof stieg er ab, verlangte die allerbesten Zimmer und das Essen, das er gern mochte, denn jetzt war er reich, da er so viel Geld hatte.

Der Hausknecht, der seine Stiefel putzen musste, meinte allerdings, das seien doch ein Paar sonderbare alte Stiefel, die so ein reicher Herr habe, aber er hatte sich noch keine neuen gekauft; am nächsten Tag bekam er Stiefel zum Ausgehen und feine Kleider. Nun war der Soldat ein vornehmer Herr geworden und die Leute erzählten ihm von all der Pracht, die es in ihrer Stadt gebe, und von ihrem König, und was für eine wunderhübsche Prinzessin seine Tochter sei.

»Wo kann man sie sehen?«, fragte der Soldat.

»Die kann man gar nicht sehen!«, sagten alle miteinander. »Sie wohnt in einem großen, kupfernen Schloss, mit sehr vielen Mauern und Türmen rundherum! Keiner außer dem König darf bei ihr ein und aus gehen, weil geweissagt worden ist, dass sie einen ganz gemeinen Soldaten heiraten wird, und das gefällt dem König nicht.«

»Die würde ich gern mal sehen!«, dachte der Soldat, aber das wurde ihm ja gar nicht erlaubt.

Nun lebte er sehr vergnügt, ging ins Theater, fuhr in Kongens Have* und schenkte den Armen sehr viel Geld, und das war hübsch von ihm! Er wusste noch aus früheren Zeiten, wie schlimm es war, keinen Schilling zu besitzen! Er war jetzt reich, hatte feine Kleider und fand viele Freunde, die alle sagten, er sei ein guter Kerl, ein richtiger Kavalier, und das gefiel dem Soldaten wohl! Da er aber täglich Geld ausgab und keines wiederbekam, so hatte er zuletzt nicht mehr als zwei Schilling übrig und musste aus den schönen Zimmern ausziehen, in denen er gewohnt hatte, in eine winzig kleine Kammer, ganz oben unterm Dach, musste selber seine Stiefel putzen und sie mit einer Stopfnadel flicken, und keiner von seinen Freunden kam zu ihm, denn es waren so viele Treppen zu steigen.

Es war ein ganz dunkler Abend und er konnte sich nicht einmal eine Kerze kaufen, aber da fiel ihm ein, dass ein Lichtstümpfchen in dem Feuerzeug lag, welches er aus dem hohlen Baum mitgenommen hatte, in den ihm die Hexe hinuntergeholfen hatte. Er holte das Feuerzeug und den Kerzenstummel hervor, aber kaum schlug er Feuer und die Funken sprühten von dem Feuerzeug auf, da sprang die Tür auf, und der Hund, der Augen hatte, so groß wie Teetassen, und den er in dem Baum unten gesehen hatte, stand vor ihm und sagte: »Was befiehlt mein Herr?«

---

* dänisch für: Königsgarten

»Nanu!«, sagte der Soldat. »Das ist ja ein ulkiges Feuerzeug; kann ich so einfach bekommen, was ich haben will? Verschaff mir etwas Geld!«, sagte er zu dem Hund und wupps, war der weg, wupps, war er wieder da und trug einen großen Beutel mit Geldstücken in der Schnauze.

Jetzt wusste der Soldat, was das für ein wunderbares Feuerzeug war! Schlug er einmal, dann kam der Hund, der auf der Truhe mit dem Kupfer saß, schlug er zweimal, dann kam der, welcher das Silbergeld hatte, und schlug er dreimal, kam der, welcher Gold hatte. – Nun zog der Soldat wieder in die schönen Zimmer hinunter, legte die Kleider an, und flugs kannten ihn alle seine Freunde wieder, und sie hatten ihn so gern.

Da dachte er einmal: Es ist doch zu lächerlich, dass man diese Prinzessin nicht sehen darf! Sie soll ganz wunderschön sein, sagen sie alle miteinander. Aber was nützt es, wenn sie immer da drinnen in dem großen, kupfernen Schloss mit den vielen Türmen sitzt. – Kann ich sie denn gar nicht zu sehen bekommen? – Wo ist jetzt mein Feuerzeug? Und dann schlug er Feuer, und wupps, kam der Hund mit Augen, so groß wie Teetassen.

»Es ist allerdings mitten in der Nacht!«, sagte der Soldat, »aber ich möchte so riesig gern die Prinzessin sehen, nur ein Augenblickchen!«

Der Hund war gleich zur Tür hinaus, und ehe der Soldat es dachte, sah er ihn wieder mit der Prinzessin, sie saß auf des Hundes Rücken und schlief und war so wunderschön, dass ein jeder sehen konnte, sie war eine richtige Prinzessin; der Soldat konnte es gar nicht lassen, er musste sie küssen, denn er war ein richtiger Soldat.

Der Hund lief nun mit der Prinzessin wieder zurück, aber als es Morgen war und der König und die Königin beim Tee waren, erzählte die Prinzessin, sie habe in der Nacht einen so seltsamen Traum gehabt von einem Hund und einem Soldaten. Sie sei auf dem Hund geritten, und der Soldat habe sie geküsst.

»Das ist ja eine feine Geschichte!«, sagte die Königin.

Nun sollte in der nächsten Nacht eine von den alten Hofdamen am Bett der Prinzessin wachen, um zu sehen, ob es ein richtiger Traum wäre oder was es sonst sein könnte.

Den Soldaten verlangte es ganz schrecklich danach, die wunderschöne Prinzessin wiederzusehen, und nun kam nachts der Hund, nahm sie und lief, so schnell er konnte, aber die alte Hofdame zog sich Wasserstiefel über und lief ebenso schnell hinterdrein, als sie nun sah, dass sie in einem großen Haus verschwanden, dachte sie, nun weiß ich, wo es ist, und machte mit einem Stück Kreide ein großes Kreuz an das Tor. Dann ging sie nach Hause und legte sich schlafen, und der Hund kam auch mit der Prinzessin zurück. Als er aber sah, dass an dem Tor, wo der Soldat wohnte, ein Kreuz gemacht war, nahm er auch ein Stück Kreide und setzte an alle Tore der ganzen Stadt ein Kreuz, und daran hatte er klug getan, denn jetzt konnte ja die Hofdame das richtige Tor nicht finden, da nun an allen Kreuze waren.

Am Morgen früh kamen der König und die Königin, die alte Hofdame und alle Offiziere, um zu sehen, wo die Prinzessin gewesen war!

»Dort ist es!«, sagte der König, als er das erste Tor mit einem Kreuz sah.

»Nein, es ist dort, mein guter Mann!«, sagte die Königin, die das zweite Tor mit einem Kreuz sah.

»Aber da ist eins und da ist eins!«, sagten sie alle miteinander; wohin sie blickten, waren Kreuze an den Toren. So mussten sie doch wirklich einsehen, es nützte nichts, dass sie suchten.

Aber die Königin war eine sehr kluge Frau, die mehr konnte als in der Kutsche fahren. Sie nahm ihre große, goldene Schere, zerschnitt ein großes Stück Seide und nähte einen kleinen Beutel; den füllte sie mit kleinen, feinen Buchweizenkörnern, band ihn der Prinzessin auf den Rücken, und als das getan war, schnitt sie ein kleines Loch in den Beutel, sodass die Körner auf dem ganzen Weg, den die Prinzessin entlangkam, herausrieseln konnten.

Nachts kam der Hund nun wieder, nahm die Prinzessin auf seinen Rücken und lief mit ihr zum Soldaten, der sie so liebhatte und so gern ein Prinz gewesen wäre, damit er sie zur Frau bekommen könnte.

Der Hund merkte gar nicht, wie die Grützekörner rieselten vom Schloss bis hin zum Fenster des Soldaten, wo er mit der Prinzessin an der Hauswand hinauflief. Morgens konnten der König und die Königin sehen, wo ihre Tochter gewesen war, und da holten sie den Soldaten und steckten ihn ins Loch.

Da saß er. Uh, wie war es hier finster und langweilig, und dann sagten sie zu ihm: »Morgen wirst du gehenkt.« Das zu hören war kein Spaß, und sein Feuerzeug hatte er daheim im Gasthof vergessen. Am Morgen konnte er zwischen den eisernen Stangen in dem kleinen Fenster hindurch sehen, wie die Leute aus der Stadt hinauseilten, um zuzugucken, wie er gehenkt würde. Er hörte die

Trommeln und sah die Soldaten marschieren. Alle Menschen rannten dahin; auch ein Schusterlehrling mit Schurzfell und Pantoffeln war dabei, der trabte in solchem Galopp, dass der eine Pantoffel ab- und bis zur Mauer hinflog, wo der Soldat zwischen den eisernen Stangen hindurchguckte.

»Ei, du Schusterjunge! Du brauchst dich gar nicht so zu beeilen«, sagte der Soldat zu ihm, »es geht doch nicht los, bevor ich nicht da bin! Aber möchtest du nicht hinlaufen, wo ich gewohnt habe, und mir mein Feuerzeug holen? Du bekommst auch vier Schillinge! Aber du musst die Beine in die Hand nehmen!« Der Schusterlehrling wollte gern die vier Schillinge haben und sauste los nach dem Feuerzeug, gab es dem Soldaten und – ja, nun werden wir aber was hören!

Außerhalb der Stadt war ein großer Galgen gemauert worden. Rundherum standen die Soldaten und viele hunderttausend Menschen. Der König und die Königin saßen auf einem wunderbaren Thron dem Richter und dem ganzen Rat gegenüber.

Der Soldat stand schon oben auf der Leiter, aber als sie ihm den Strick um den Hals schlingen wollten, sagte er, man gestatte doch einem Sünder immer, bevor er seine Strafe erleide, dass ihm ein harmloser Wunsch erfüllt werde. Er wollte so gern eine Pfeife Tabak rauchen, es wäre doch die letzte Pfeife, die er in dieser Welt rauchen würde.

Dazu wollte nun der König nicht Nein sagen, und so holte denn der Soldat sein Feuerzeug heraus und schlug Feuer: eins, zwei, drei! Und nun standen alle Hunde da, der eine mit Augen, so groß wie Teetassen, der mit Augen, so groß wie Mühlräder, und der, welcher Augen hatte, so groß wie der runde Turm.

»Helft mir nun, dass ich nicht gehenkt werde!«, sagte der Soldat, und da gingen die Hunde auf die Richter und den ganzen Rat los, nahmen einen bei den Beinen und einen bei der Nase und warfen sie viele Klafter hoch in die Luft, sodass sie herunterfielen und sich ganz zu Schanden schlugen.

»Ich will nicht!«, sagte der König, aber der größte Hund nahm ihn wie auch die Königin und warf sie hinter all den anderen drein; da erschraken die Soldaten, und alle Leute riefen: »Kleiner Soldat, du sollst unser König sein und die reizende Prinzessin haben!«

Dann setzten sie den Soldaten in des Königs Kutsche und alle drei Hunde tänzelten voraus und riefen: »Hurra!«, und die Jungen pfiffen durch die Finger und die Soldaten präsentierten das Gewehr. Die Prinzessin kam aus dem kupfernen Schloss heraus und wurde Königin und das gefiel ihr gut! Die Hochzeit dauerte acht Tage und die Hunde saßen mit bei Tisch und machten große Augen.

ERWIN MOSER

Der Wunschhase

Es waren einmal zwei Hasen, das waren so richtige Angsthasen.
Sie hatten vor allem Angst. Das begann schon am Morgen, wenn sie auf-
wachten. »Hoffentlich regnet es heute nicht!« Das war das Erste, was sie zueinander sagten, noch vor »Guten Morgen«, denn sie fürchteten sich vor dem
Blitz und dem Donner und dem Wasser. War aber der Himmel klar und blau und
stand wirklich und wahrhaftig kein Regen zu erwarten, so sagten sie: »Hoffentlich wird es heute nicht zu heiß!«, denn dann fürchteten sie, dass sie großen
Durst bekommen könnten und zum Weiher hoppeln müssten, wo sie der Fuchs
leicht erwischen könnte.

Solche Angsthasen waren das!

Dabei hatten sie wirklich keinen Grund zur Angst. Sie lebten in einem
riesengroßen, saftigen, grünen Kleefeld, hatten Futter genug, zudem gab es in
dieser Gegend selten Gewitter; die Sonne schien auch nie zu heiß, sondern gerade richtig warm und hell, und der Fuchs hatte sich noch kein einziges Mal bli-
cken lassen.

Aber wie das eben ist im Leben: Wenn man dauernd Angst hat, wird man auch
vom Unglück verfolgt! Und das Unglück tauchte eines Tages in der Gestalt eines
wilden Luchses auf, der schnüffelnd durch das Kleefeld schlich.

»Ich rieche, rieche Hasen!«, sagte der Luchs zu sich selber, und da hatte er richtig gerochen, denn die beiden Angsthasen saßen nicht weit von ihm im Klee
und überlegten gerade, wovor sie sich heute fürchten könnten.

Sie hatten aber Glück im Unglück, denn sie bemerkten den schleichenden
Luchs gerade noch rechtzeitig, um Reißaus nehmen zu können. Sie liefen und
liefen und der Luchs sprang hinter ihnen her und leckte sich die Lippen, weil

ihm vor lauter Appetit das Wasser im Mund zusammenlief. Er war wirklich ein äußerst wildes Tier, dieser Luchs!

Doch dass Hasen ganz, ganz schnell laufen können, weiß jedes Kind, und die beiden Angsthasen liefen noch viel schneller als schnell, denn sie hatten furchtbare Angst, und wer furchtbare Angst hat, den holt fast niemand ein.

Aber der Luchs war auch nicht gerade langsam, zudem war er noch ein wirklich schrecklich wilder Luchs, und wer wirklich schrecklich wild ist, der kann ebenfalls schneller als schnell laufen.

So war das.

Doch eins konnte der Luchs nicht: Haken schlagen! Und das wiederum konnten die Hasen. Sie schlugen Linkshaken, Rechtshaken, dass es nur so staubte, und der Luchs blieb immer weiter zurück.

Da kamen die Hasen zu einem großen Wald. In diesen Wald rannten sie hinein, immer tiefer und tiefer und tiefer . . . Sie liefen stundenlang, blieben kein einziges Mal stehen und schauten sich kein einziges Mal um.

Der Luchs war weit hinter ihnen zurückgeblieben. Aber er hatte die Spur der Hasen aufgenommen – nämlich mit seiner feinen Nase, und auf seine Nase konnte er sich verlassen: Da konnten die Hasen noch so weit weglaufen – wenn er die Spur hatte, so würde er sie finden, und wenn sie bis ans Ende der Welt laufen wollten.

Wie der Luchs sich so durch den Wald schnüffelte, traf er den Fuchs.

»Guten Tag, Gevatter Luchs!«, grüßte ihn der Fuchs. »Was machst du da? Verfolgst du etwa eine leckere Beute?«

»I wo! Wie kommst du darauf?«, erwiderte der Luchs, der nicht wollte, dass der Fuchs mit ihm ging, denn in diesem Fall hätte er die Beute teilen müssen, und das wollte er nicht. Das wollte er ganz und gar nicht und deswegen log er, so gut er konnte: »Ich schnüffle nur eben so herum«, sagte der Luchs. »Die Erde riecht heute so gut . . .« Im Lügen war der Luchs nie gut gewesen, dafür war er viel zu wild, und der Fuchs wusste, dass der Luchs schlecht log, aber er tat so, als ob er ihm glaubte, denn er wusste, wie schnell der wilde Luchs wild werden konnte, und er verabschiedete sich und ging seiner Wege.

Der schlaue Fuchs ging nicht weit weg. Gerade nur so weit, dass ihn der Luchs nicht sehen konnte. Hinter den Bäumen verborgen, folgte er ihm, denn er wusste nun, dass der Luchs eine fette Beute verfolgte.

Die Hasen liefen inzwischen immer noch durch den Wald. Denen ging so schnell nicht die Puste aus. – Sollen sie ruhig weiterrennen! Wir schauen

schnell zum anderen Ende des Waldes, dorthin, wo die beiden Angsthasen bald herauskommen werden.

Dort war ein schönes Land. Sumpfig zwar, mit vielen Weihern und Tümpeln, mit Schilf und Weiden, aber wundervoll still und friedlich. Dort lebte ein einzelner Hase, der ganz anders war als die beiden Angsthasen. Er hatte noch nie Angst gehabt. Er wusste zwar, dass es so etwas wie Angst gab, aber er verschwendete keinen Gedanken an Furcht erregende Dinge, und deswegen gab es sie für ihn auch nicht.

Dieser Hase war ein Wunschhase. Alles, was er sich wünschte, ging in Erfüllung. So etwas gibt es nicht, sagst du? Doch, das gibt es. Der Wunschhase wünschte sich nämlich nur solche Sachen, die er bereits hatte, und er hatte so gut wie nichts. Er wünschte sich auch nicht mehr als so gut wie nichts, und deswegen gingen ihm alle Wünsche in Erfüllung.

Wenn zum Beispiel der Wunschhase am Morgen aufwachte und der Tag war düster und bewölkt, so sagte er sich: »Wie schön sind doch diese schweren, dunklen Wolken! Sie sehen aus, als ob sie eine schwere Last trügen und sich auf die Erde legen wollten, um auszuruhen.«

Überraschte den Wunschhasen der Regen, so sagte er sich: »Wie die Regentropfen auf meinen Rücken prasseln, und wie nass doch das Wasser ist, ganz anders als die trockene Sonne! Das ist auch schön. Es war gut, das zu erleben!«

Einmal kam der Wunschhase auf einem seiner Spaziergänge zu einem hohlen Baum. Als er den Baum sah, wusste er, dass wieder ein Wunsch in Erfüllung gegangen war, nämlich eine Wohnung zu haben, und der hohle Baum war wie geschaffen dazu, darin zu wohnen.

Zu diesem Tier kamen die zwei Angsthasen, als sie den Wald durchquert hatten. Sie waren wirklich fix und fertig, als sie beim Baumhaus des Wunschhasen ankamen. Vier ganze Stunden waren sie gelaufen, und die Angst vor dem Luchs steckte ihnen noch immer in den Gliedern.

Der Wunschhase saß vor seinem hohlen Baum und begrüßte sie sehr herzlich. »Willkommen!«, rief er. »Da freue ich mich aber, dass mich jemand besucht!«

»Wir werden vom wilden Luchs verfolgt!«, riefen die beiden Angsthasen. »Er ist uns dicht auf den Fersen. Versteck uns, fremder Hase, sonst werden wir gefressen!«

»Aber, aber«, sagte der Wunschhase, »so schlimm wird's schon nicht sein. Kommt in mein Baumhaus und stärkt euch mit Karotten, ihr seht ja furchtbar müde aus.«

Die Angsthasen schlüpften sofort in den hohlen Baum, krochen in die tiefsten Winkel und verhielten sich mucksmäuschenstill.

Inzwischen war der wilde Luchs aus dem Wald aufgetaucht und folgte schnüffelnd der Hasenspur, die ihn direkt zu dem Baum führte. Auch der Fuchs erschien dicht hinter ihm. Er verbarg sich nun nicht mehr, denn er ahnte, dass der Luchs seine Beute gefunden hatte.

Und was machte der Wunschhase?

Der saß seelenruhig vor seinem Baumhaus und sah mit großem Interesse zu, wie sich der Luchs näher schlich.

Der Luchs hatte den Wunschhasen ebenfalls gesehen, und er hatte erwartet, dass der Hase aufspringen und davonlaufen würde. Aber dieser Hase lief nicht weg! Er blieb sitzen, obwohl er ihn schon gesehen hatte. Das verwunderte den Luchs so sehr, dass er unvermittelt stehen blieb und den Wunschhasen verblüfft beäugte.

Der Fuchs hatte den Hasen auch gesehen, und er war ebenso verwundert.

»Du, Luchs«, sagte er, »schau mal, der Hase dort, der läuft gar nicht weg. Da stimmt etwas nicht!«

»Jaaa . . .«, sagte der Luchs nachdenklich. »So etwas habe ich noch nicht erlebt. Sehr seltsam . . .«

»Tag, Luchs, grüß dich, Fuchs!«, rief der Wunschhase. »Kommt doch näher, damit ich euch beide besser sehen kann!«

»Bleib bloß hier!«, raunte der Fuchs dem Luchs ins Ohr. »Der will uns hinters Licht führen! Siehst du den hohlen Baum hinter ihm? Ich will sofort meinen Pelz verkaufen, wenn dort drin nicht etwas Schreckliches auf uns lauert!«

»Du hast recht«, erwiderte der Luchs. »Der Hase hat überhaupt keine Angst. Das stinkt mir verdammt nach einer Falle!«

»Was ist, kommt ihr nun?«, rief der Wunschhase wieder.

»Nein, danke!«, rief der Luchs zurück. »Wir haben leider keine Zeit. Wir sind bloß auf der Durchreise. Wir suchen zwei Hasen, hast du sie vielleicht vorbeikommen gesehen?«

»Oh ja!«, rief der Wunschhase. »Die sind hier in meinem Baumhaus. Aber kommt doch näher, ich versteh dich so schlecht!«

»Hast du das gehört?«, flüsterte der Fuchs aufgeregt. »Das ist der Beweis! Wenn die zwei Hasen tatsächlich dort drin wären, würde er es niemals zugeben. Komm, machen wir, dass wir weiterkommen. Hier ist es nicht geheuer!«

»Ja«, sagte der Luchs, der plötzlich seine ganze Wildheit verloren hatte, »gehen wir.« Und sie kehrten auf der Stelle um und liefen in den Wald zurück.

»Also, Fuchs, das eine muss ich schon sagen«, sagte der Luchs, als sie weit genug weg waren, »du bist zwar ein Lügner und Betrüger und ein mieser Kerl, aber du bist das schlauste Tier, das mir je untergekommen ist!«

»Danke«, sagte der Fuchs geschmeichelt.

Und sie gaben sich die Pfoten und gingen auseinander, jeder in eine andere Richtung.

Die beiden Angsthasen aber blieben bei dem Wunschhasen, in jenem schönen Land, das zwar sumpfig ist, aber friedlich und still, und als der Sommer vorüber war, waren sie ebenfalls Wunschhasen geworden.

LUDWIG BECHSTEIN

Mann und Frau im Essigkrug

Es waren einmal ein Mann und eine Frau, die haben lange, lange miteinander in einem Essigkrug gewohnt. Am Ende sind sie es überdrüssig geworden und der Mann hat zu der Frau gesagt: »Du bist schuld daran, dass wir in dem sauren Essigkrug leben müssen. Wären wir nur nicht da!«

Aber die Frau hat gesagt: »Nein, du bist schuld daran.«

Und da haben sie angefangen, miteinander zu kippeln und zu zanken, und es ist eines dem anderen in dem Essigkrug nachgelaufen. Da ist ein goldener Vogel zu dem Essigkrug gekommen, und der Vogel hat gesagt: »Was habt ihr denn nur so miteinander?«

»Ei«, hat die Frau gesagt, »wir sind das Essigkrügel überdrüssig. Wir möchten auch einmal wohnen wie andere Leute. Hernach wollen wir gern zufrieden sein.«

Da hat sie der goldene Vogel aus dem Essigkrug herausgelassen, hat sie zu einem neuen Häuschen geführt, wo hinten ein zierliches Gärtchen gewesen ist, und hat zu ihnen gesagt: »Dies ist jetzt euer. Lebt jetzt einig und zufrieden miteinander. Und wenn ihr mich braucht, so dürft ihr nur dreimal in die Hände klatschen und rufen:

Goldvögelein im Sonnenstrahl,
Goldvögelein im Demantsaal,
Goldvögelein überall!

So bin ich da.«

Damit flog der Goldvogel fort und der Mann und die Frau waren froh, dass sie nicht mehr in dem sauren Essigkrug wohnten. Und sie freuten sich über ihr nettes Häuschen und das grüne Gärtchen.

Das dauerte aber nur eine Weile. Denn wie sie nun ein paar Wochen in dem Häuschen gewohnt hatten und in der Nachbarschaft umhergekommen waren, da hatten sie die großen, stattlichen Bauernhöfe gesehen, mit großen Stallungen, Gärten, Äckern, vielem Gesinde und Vieh. Und da hat es ihnen schon wieder nicht mehr gefallen in ihrem winzigen Häuschen, und sie sind es ganz überdrüssig geworden. Und an einem schönen Morgen haben sie alle zwei fast zu gleicher Zeit in die Hände geklatscht und haben gerufen:

> *»Goldvögelein im Sonnenstrahl,*
> *Goldvögelein im Demantsaal,*
> *Goldvögelein überall!«*

Witsch, da ist der goldene Vogel zum Fenster hereingeflogen gekommen und hat sie gefragt, was sie denn schon wieder wollten?
»Ach«, haben sie gesagt, »das Häuschen ist doch gar zu klein. Wenn wir nur auch

so einen großen, prächtigen Bauernhof hätten – hernach wollten wir zufrieden sein.«

Der goldene Vogel blinzte ein wenig mit seinen Guckaugen, sagte aber nichts und führte den Mann und die Frau zu einem großen, prächtigen Bauernhof. Es waren viele Äcker daran, Stallungen mit Vieh, und es gab Knechte und Mägde. Und der Goldvogel hat ihnen alles geschenkt. Der Mann und die Frau sprangen deckenhoch und konnten sich vor Freude gar nicht lassen. Und dann sind sie ein ganzes Jahr lang zufrieden und fröhlich gewesen und haben sich gar nichts Besseres ausdenken können.

Aber länger hat es auch nicht gedauert, keinen Tag. Denn weil sie manchmal in die Stadt gefahren sind, haben sie die schönen, großen Häuser und die schön geputzten Herren und Madamen spazieren gehen gesehen.

Da haben sie gedacht: Ei, in der Stadt muss es aber herrlich sein. Da braucht man nicht viel zu tun und viel zu arbeiten.

Und die Frau hat sich können gar nicht satt sehen an dem Staat und dem Wohlleben und hat zu ihrem Mann gesagt: »Wir wollen auch in die Stadt. Ruf du den goldenen Vogel. Wir sind nun schon lange genug auf dem Bauernhof.«

Der Mann hat aber gesagt: »Frau, ruf du ihn.«

Endlich hat die Frau dreimal in die Hände geklatscht und hat gerufen:

»Goldvögelein im Sonnenstrahl,
Goldvögelein im Demantsaal,
Goldvögelein überall!«

Da ist der goldene Vogel wieder zum Fenster hereingeflogen und hat gesagt: »Was wollt ihr nur von mir?«

»Ach«, hat die Frau gesagt, »wir sind das Bauernleben müd. Wir möchten auch gern Stadtleute sein und schöne Kleider haben und in so einem großen, prächtigen Haus wohnen – hernach wollen wir zufrieden sein.«

Der goldene Vogel hat wieder mit seinen Guckaugen geblinzelt. Er hat aber

nichts gesagt und hat sie in das schönste Haus in der Stadt geführt. Da war alles raritätisch aufgeputzt. Es waren Schränke darin und Kommoden, und es hingen und lagen Kleider darin nach der neuesten Mode. Jetzt haben der Mann und die Frau gemeint, es gäbe nichts Besseres und nichts Schöneres. Und sie waren vor lauter Freude außer sich.

Das hat aber leider nicht lange gedauert, da hatten sie es wieder satt. Und sie sprachen zueinander: »Wenn wir es nur so hätten wie die Edelleute! Die wohnen in herrlichen Palästen und Schlössern. Sie haben Kutschen und Pferde, und Bediente mit goldbordierten Röcken stehen auf den Kutschen. Ja, das wäre erst etwas Rechtes! So ist es doch nur eine armselige Lumperei.«
Und die Frau hat gesagt: »Jetzt ist es an dir, dem goldenen Vogel zu rufen.«
Der Mann hat doch wieder lange nicht gewollt. Endlich, als die Frau gar nicht nachgelassen hat mit Dringen und Drängen, hat er dreimal in die Hände geklatscht und gerufen:

> »Goldvögelein im Sonnenstrahl,
> Goldvögelein im Demantsaal,
> Goldvögelein überall!«

Da ist der goldene Vogel wieder zum Fenster hereingeflogen und hat gefragt: »Was wollt ihr nur von mir?«
Da hat der Mann gesagt: »Wir möchten gern Edelleute werden – hernach wollen wir zufrieden sein.«
Da hat aber der goldene Vogel gar arg mit den Augen geblinzelt und hat gesagt: »Ihr unzufriedenen Leute! Werdet ihr denn nie genug haben? Ich will euch auch zu Edelleuten machen. Es ist euch aber nichts nutz.« Und er hat ihnen gleich ein schönes Schloss geschenkt, Kutschen und Pferde und zahlreiche Bedienung.
Jetzt sind sie Edelleute gewesen und sind alle Tage spazieren gefahren. Und sie haben an nichts mehr gedacht, als wie sie die Tage herumbrächten in Freuden und in Nichtstun – außer dass sie die Zeitungen gelesen haben.
Einmal sind sie in die Hauptstadt gefahren, ein großes Fest zu sehen. Da sind der König und die Königin in ihrer ganz vergoldeten Kutsche gesessen, in goldgestickten Kleidern, und vorn und hinten und auf beiden Seiten sind Marschälle, Hofleute, Edelknaben und Soldaten geritten. Und alle Leute haben die Hüte und Taschentücher geschwenkt, als der König und die Königin vorbeigefahren sind. Ach, wie hat da dem Mann und der Frau vor Ungeduld das Herz geklopft!

Kaum waren sie wieder zu Hause, so sprachen sie: »Jetzt wollen wir noch König und Königin werden – hernach wollen wir aber einhalten.«

Und da haben sie wieder alle zwei miteinander in die Hände geklatscht und haben gerufen, was sie nur rufen konnten:

»Goldvögelein im Sonnenstrahl,
Goldvögelein im Demantsaal,
Goldvögelein überall!«

Da ist der goldene Vogel wieder zum Fenster hereingeflogen und hat gefragt: »Was wollt ihr nur von mir?«

Da haben sie beide geantwortet: »Wir möchten gern König und Königin sein.«

Da hat aber der Vogel ganz schrecklich mit den Augen geblinzelt, hat alle Federn gesträubt, hat mit den Flügeln geschlagen und hat gesagt: »Ihr wüsten Leute, wann werdet ihr einmal genug haben? Ich will euch auch noch zum König und zur Königin machen. Aber dabei wird es doch nicht bleiben, denn ihr habt nimmermehr genug!«

Nun sind sie König und Königin gewesen und haben über das ganze Land zu gebieten gehabt, haben sich einen großen Hofstaat gehalten, und ihre Minister

und Hofleute haben müssen auf die Knie niederfallen, wenn sie des einen oder anderen ansichtig wurden. Auch haben sie nach und nach alle Beamten im ganzen Land vor sich kommen lassen und ihnen vom Thron hinab die strengsten Befehle erteilt. Und was es nur Teures und Prächtiges in aller Herren Länder gab, das musste herbeigeschafft werden, dass ein Glanz und Reichtum sie umgab, der unbeschreiblich war. Und doch sind sie auch jetzt noch nicht zufrieden gewesen und sagten immer: »Wir müssen noch etwas mehr werden!«

Da sprach die Frau: »Werden wir Kaiser und Kaiserin.«

»Nein«, sagte der Mann, »wir wollen Papst werden!«

»Hoho, das ist alles nicht genug«, schrie die Frau, »wir wollen lieber Herrgott sein!«

Kaum aber hatte sie dieses Wort ausgeredet, da ist ein mächtiger Sturmwind gekommen und ein großer schwarzer Vogel mit funkelnden Augen, die wie Feuerräder rollten, ist zum Fenster hereingeflogen und hat gerufen, dass alles erzitterte:

»Dass ihr versauern müsst im Essigkrug!«

Pautz – und da war alle Herrlichkeit zum Kuckuck. Und da saßen sie alle beide, der Mann und die Frau, wieder in ihrem engen Essigkrug. Da sitzen sie noch und können darin bleiben bis an den Jüngsten Tag.

MARTIN AUER

Der Wind und die Wünsche

Es war einmal ein Mädchen, das gab seine Wünsche dem Wind. Wenn sie einen Wunsch hatte, schrieb sie ihn einfach auf einen Zettel und warf den Zettel zum Fenster hinaus, wenn der Wind blies. Sie bat niemals um etwas und jammerte nicht, sie ging nicht umher mit schwerem Herzen, wenn sie nicht hatte, was sie wollte. Sie gab ihre Wünsche dem Wind, und dann dachte sie nicht mehr daran. Da war es schon fast so gut, als wären die Wünsche erfüllt.

Manchmal fanden Leute die Zettel und hoben sie auf. Da stand vielleicht: »Schenk mir ein Lächeln«, oder: »Ich hätte gern jemand, der mit mir tanzt«, oder auch: »Warum gibt es nicht grünes Eis, das nach Erdbeeren schmeckt, das wäre doch einmal eine Überraschung!« Aber es stand keine Adresse dabei und kein Name. Da warfen die meisten die Zettel wieder weg. Eins oder das andere aber dachte vielleicht: Eigentlich wahr, man könnte doch öfter mal lächeln, das kostet ja nichts, oder sie luden jemand zum Tanzen ein.

Ja, aber hatte das Mädchen da auch was davon? Wer weiß. Als sie aber einmal im Eisgeschäft grünes Eis bekam, das nach Erdbeeren schmeckte, da war sie echt überrascht. Sie hatte ja ihren Zettel schon längst vergessen. Vor Freude verschluckte sie sich fast, und dann musste sie lachen, und der Eisverkäufer lächelte zurück, und dann redeten sie und er lud sie zum Tanzen ein.

JOHANN PETER HEBEL

Drei Wünsche

Ein junges Ehepaar lebte recht vergnügt und glücklich beisammen und hatte den einzigen Fehler, der in jeder menschlichen Brust daheim ist: Wenn man's gut hat, hätt man's gerne besser. Aus diesem Fehler entstehen so viele törichte Wünsche, woran es unserm Hans und seiner Lise auch nicht fehlte. Bald wünschten sie des Schulzen Acker, bald des Löwenwirts Geld, bald des Meiers Haus und Hof und Vieh, bald einmal hunderttausend Millionen bayerische Taler kurzweg. Eines Abends aber, als sie friedlich am Ofen saßen und Nüsse aufklopften und schon ein tiefes Loch in den Stein hineingeklopft hatten, kam durch die Kammertür ein weißes Weiblein herein, nicht mehr als eine Elle lang, aber wunderschön von Gestalt und Angesicht, und die ganze Stube war voll Rosenduft. Das Licht löschte aus, aber ein Schimmer wie Morgenrot, wenn die Sonne nicht mehr fern ist, strahlte von dem Weiblein aus und überzog alle Wände. Über so etwas kann man nun doch ein wenig erschrecken, so schön es aussehen mag. Aber unser gutes Ehepaar erholte sich doch bald wieder, als das Fräulein mit wundersüßer, silberreiner Stimme sprach: »Ich bin Eure Freundin, die Bergfei, Anna Fritze, die im kristallenen Schloss mitten in den Bergen wohnt, mit unsichtbarer Hand Gold in den Rheinsand streut und über siebenhundert dienstbare Geister gebietet. Drei Wünsche dürft Ihr tun; drei Wünsche sollen erfüllt werden.« Hans drückte den Ellenbogen an den Arm seiner Frau, als ob er sagen wollte: Das lautet nicht übel. Die Frau aber war schon im Begriff, den Mund zu öffnen und etwas von ein paar Dutzend goldgestickten Hauben, seidenen Halstüchern und dergleichen zur Sprache zu bringen, als die Bergfei sie mit aufgehobenem Zeigefinger warnte: »Acht Tage lang«, sagte sie, »habt Ihr Zeit. Bedenkt Euch wohl, und übereilt Euch nicht.«

»Das ist kein Fehler«, dachte der Mann und legte seiner Frau die Hand auf den Mund. Das Bergfräulein aber verschwand. Die Lampe brannte wie vorher, und statt des Rosendufts zog wieder wie eine Wolke am Himmel der Öldampf durch die Stube.

So glücklich nun unsere guten Leute in der Hoffnung schon zum Voraus waren und keinen Stern mehr am Himmel sahen, sondern lauter Bassgeigen, so waren sie jetzt doch recht übel dran, weil sie vor lauter Wunsch nicht wussten, was sie wünschen wollten, und nicht einmal das Herz hatten, recht daran zu denken oder davon zu sprechen, aus Furcht, es möchte für gewünscht passieren, ehe sie es genug überlegt hätten. Nun sagte die Frau: »Wir haben ja noch Zeit bis am Freitag.«

Des andern Abends, während die Kartoffeln zum Nachtessen in der Pfanne prasselten, standen beide, Mann und Frau, vergnügt an dem Feuer beisammen, sahen zu, wie die kleinen Feuerfünklein an der rußigen Pfanne hin und her züngelten, bald angingen, bald auslöschten, und waren, ohne ein Wort zu reden, vertieft in ihrem künftigen Glück. Als sie aber die gerösteten Kartoffeln aus der Pfanne auf das Plättlein anrichteten und ihr der Geruch lieblich in die Nase stieg, sagte sie in aller Unschuld und ohne an etwas anderes zu denken: »Wenn wir jetzt nur ein gebratenes Würstlein dazu hätten«, und – oh weh, da war der erste Wunsch getan. Schnell wie ein Blitz kommt und vergeht, kam es wieder wie Morgenrot und Rosenduft untereinander durch das Kamin herab, und auf den Kartoffeln lag die schönste Bratwurst. – Wie gewünscht, so geschehen. – Wer sollte sich über einen solchen Wunsch und seine Erfüllung nicht ärgern? Welcher Mann über solche Unvorsichtigkeit seiner Frau nicht unwillig werden?

»Wenn dir doch nur die Wurst an der Nase angewachsen wäre«, sprach er in der ersten Überraschung, auch in aller Unschuld und ohne an etwas anderes zu denken – und wie gewünscht, so geschehen. Kaum war das letzte Wort gesprochen, so saß die Wurst auf der Nase des guten Weibes fest, wie angewachsen im Mutterleib, und hing zu beiden Seiten hinab wie ein Husarenschnauzbart.

Nun war die Not der armen Eheleute erst recht groß. Zwei Wünsche waren getan und vorüber, und noch waren sie um keinen Heller und um kein Weizenkorn, sondern nur um eine böse Bratwurst reicher. Noch war ein Wunsch zwar übrig. Aber was half nun aller Reichtum und alles Glück zu einer solchen Nasenzierat der Hausfrau? Wollten sie wohl oder übel, so mussten sie die Bergfei bitten, mit unsichtbarer Hand Barbiersdienste zu leisten und Frau Lise wieder von der vermaledeiten Wurst zu befreien. Wie gebeten, so geschehen, und so war der dritte Wunsch auch vorüber, und die armen Eheleute sahen einander an, waren der nämliche Hans und die nämliche Lise nachher wie vorher, und die schöne Bergfei kam niemals wieder.

Merke: Wenn dir einmal die Bergfei also kommen sollte, so sei nicht geizig, sondern wünsche:

Numero eins: Verstand, dass du wissen mögest, was du

Numero zwei: wünschen solltest, um glücklich zu werden. Und weil es leicht möglich wäre, dass du alsdann etwas wähltest, was ein törichter Mensch nicht hoch anschlägt, so bitte noch

Numero drei: um beständige Zufriedenheit und keine Reue.

Oder so:

Alle Gelegenheit, glücklich zu werden, hilft nichts, wer den Verstand nicht hat, sie zu benutzen.

VOM VERWANDELN
UND SICH-WANDELN

LUDWIG BECHSTEIN

Der weiße Wolf

Ein König ritt jagen in einem großen Wald, darinnen er sich verirrte. Er musste manchen Tag wandern und manche Nacht, fand immer nicht den rechten Weg und musste Hunger und Durst leiden. Endlich begegnete ihm ein kleines, schwarzes Männlein, das fragte der König nach dem rechten Weg.

»Ich will dich wohl führen und geleiten«, sagte das Männlein, »aber du musst mir auch etwas dafür geben. Du musst mir das geben, was dir aus deinem Haus zuerst entgegenkommt.«

Der König war froh und sprach unterwegs: »Du bist brav, Männchen, wahrlich. Und wenn mein bester Hund mir entgegenliefe, so wollte ich ihn dir doch gern zum Lohn geben.«

Das Männlein aber erwiderte: »Deinen besten Hund, den mag ich nicht. Mir ist etwas anderes lieb.«

Als sie nun beim Schloss ankamen, sah des Königs jüngste Tochter durchs Fenster ihren Vater geritten kommen und sprang ihm fröhlich entgegen. Da sie ihn aber in ihre Arme schloss, sagte er: »Ei wollt ich doch, dass lieber mein bester Hund mir entgegengekommen wäre!«

Über diese Rede erschrak die Königstochter sehr, weinte und rief: »Wie das, mein Vater? Ist dir dein Hund lieber denn ich und sollte er dich froher willkommen heißen?«

Aber der König tröstete sie und sagte: »Liebe Tochter, so war es nicht gemeint!« Und erzählte ihr alles.

Sie aber blieb ganz standhaft und sagte: »Es ist besser so, als dass mein Vater umgekommen wäre im wilden Wald.«

Und das Männchen sagte: »Nach acht Tagen hole ich dich.«

Und nach acht Tagen, richtig, da kam ein weißer Wolf in das Königsschloss und die Königstochter musste sich auf seinen Rücken setzen.

Und heißa, da ging es durch dick und dünn, bergauf und ab. Die Königstochter konnte das Reiten auf dem Wolf nicht aushalten und fragte: »Ist es noch weit?« »Schweig! Weit, weit ist es noch zum gläsernen Berg. Schweigst du nicht, so werf ich dich hinunter!«

Nun ging es wieder so fort, bis die arme Königstochter abermals zagte; sie klagte und fragte, ob es noch weit sei?

Da sagte ihr der Wolf die nämlichen drohenden Worte und rannte immerfort, immer weiter, bis sie zum dritten Mal die Frage wagte. Da warf er sie auf der Stelle von seinem Rücken hinunter und rannte davon.

Nun war die arme Königstochter ganz allein in dem finsteren Wald. Sie ging und ging und dachte, endlich werde ich doch einmal zu Leuten kommen. Und endlich kam sie an eine Hütte, da brannte ein Feuerchen und da saß ein altes Waldmütterchen, das hatte einen Topf am Feuer. Und da fragte die Königstochter: »Mütterchen, hast du den weißen Wolf nicht gesehen?«

»Nein, da musst du den Wind fragen, der fragt überall umher, aber bleib erst noch ein wenig hier und iss mit mir. Ich koche ein Hühnersüppchen.« Das tat die Königstochter.

Und als sie gegessen hatten, sagte die Alte: »Nimm die Hühnerknöchelchen mit dir, du wirst sie gut gebrauchen können.« Dann zeigte ihr die Alte den rechten Weg zum Wind.

Als die Königstochter bei dem Wind ankam, fand sie ihn auch am Feuer sitzen und sich eine Hühnersuppe kochen. Aber auf ihre Frage nach dem weißen Wolf antwortete er: »Liebes Kind, ich habe ihn nicht gesehen. Ich bin heute einmal nicht gegangen, ich wollte mich hübsch ausruhen. Frag die Sonne, die geht alle Tage auf und unter. Aber erst mach es wie ich, ruh dich aus und iss mit mir. Kannst hernach alle die Hühnerknöchelchen mit dir nehmen, wirst sie gut brauchen können.«

Als dies geschehen war, ging die Kleine zur Sonne, und es ging da gerade wie beim Wind. Die Sonne kochte sich eine Hühnersuppe, hatte auch den weißen Wolf nicht gesehen und lud die Königstochter zum Mitessen ein. »Du musst den Mond fragen. Wahrscheinlich läuft der weiße Wolf nur des Nachts und da sieht der Mond alles.«

Als nun die Königstochter mit der Sonne gegessen und die Knöchlein aufgesammelt hatte, ging sie weiter und fragte den Mond.

Auch er kochte Hühnersuppe und sagte: »Es ist mir leid, ich habe letzt nicht geschienen oder bin zu spät aufgegangen, ich weiß gar nichts von dem weißen Wolf.«

Da weinte das Mädchen und rief: »Oh Himmel, wen soll ich nun fragen?«

»Nur Geduld, mein Kind«, sagte der Mond. »Vor Essen wird kein Tanz. Setz dich und iss erst die Hühnersuppe mit mir und nimm auch die Knöchelchen mit, du wirst sie brauchen. Etwas Neues weiß ich doch. Im gläsernen Berg das schwarze Männchen – das hält heute Hochzeit.«

»Ach der gläserne Berg! Dahin wollte ich ja eben, dahin hat mich der weiße Wolf tragen sollen!«, rief die Königstochter.

»Nun, bis dorthin kann ich dir schon leuchten und den Weg zeigen«, sagte der Mond. »Sonst könntest du dich leichtlich irren. Nimm immer deine Knöchelchen hübsch alle mit.« Das tat die Königstochter, aber in der Eile vergaß sie doch ein Knöchelchen. Bald stand sie an dem gläsernen Berg. Aber der war ganz glatt und glitschig, da war nicht hinaufzukommen. Aber da nahm die Königstochter alle Hühnerknöchelchen von der alten Waldmutter, von dem Wind, von der Sonne und von dem Mond, und machte sich daraus eine Leiter. Die wurde sehr lang – aber oh weh, zuletzt fehlte noch eine einzige Sprosse. Da schnitt sich die Königstochter das oberste Gelenk von ihrem kleinen Finger ab. Und so tat es gut, und sie konnte rasch zum Gipfel des gläsernen Berges klimmen.

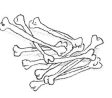

Oben war eine große Öffnung, da führte eine schöne Treppe hinunter, und war alles voll Glanz und Pracht, und war ein Saal da voll Hochzeitsgästen und viele Musikanten und reich besetzte Tafeln. Und da saß das schwarze Männlein, und an seiner Seite saß eine Frau, die war seine Braut. Das schwarze Männlein aber schien traurig. Und der Königstochter tat es so weh, dass sie zu spät kam und dass das schwarze Männlein traurig war. Sie dachte bei sich, ich will ein Lied vom weißen Wolf singen, vielleicht kennt er mich dann – denn er hatte sie noch gar nicht angesehen. Da stand eine Harfe an der Wand. Die Königstochter nahm sie nun und sang:

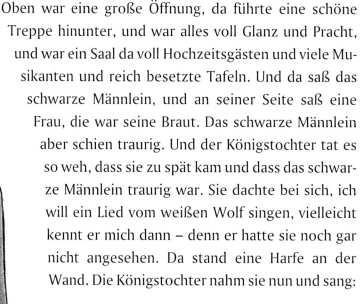

»Deinen besten Hund, den mag ich nicht,
mir ist etwas anderes lieb!
Die jüngste Königstochter.

Der weiße Wolf, der lief davon.
Sie weiß nicht, wo er blieb,
die jüngste Königstochter.«

Da horchte das schwarze Männlein hoch auf, aber die Königstochter fuhr fort zu spielen und zu singen:

»Sie ist dem Wolf nachgereist,
schnitt ab ihr Fingerglied,
die jüngste Königstochter.

Nun ist sie da – du kennst sie nicht.
Traurig singt dir dies Lied
die jüngste Königstochter.«

Da sprang das schwarze Männlein von seinem Sitz auf und war plötzlich ein schöner, junger Königssohn, eilte auf sie zu und schloss sie in seine Arme.

Alles war Zauber gewesen. Der Königssohn war in das alte Männlein und in den weißen Wolf und in den gläsernen Berg hinein verzaubert, so lange, bis eine Königstochter, um zu ihm zu gelangen, es sich ein Glied von ihrem kleinen Finger kosten ließe. Wenn das aber bis zu einer gewissen Zeit nicht geschähe, so müsse er eine andere freien und ein schwarzes Männlein bleiben all sein Leben lang. Nun war der Zauber gelöst. Die andere Braut entschwand, der entzauberte Königssohn aber heiratete die Königstochter, reiste mit ihr zu ihrem Vater, der sich herzlich freute, sie wiederzusehen, und sie lebten glücklich miteinander bis an ihr Ende.

NAZIM HIKMET

Allem-Kallem

Es war einmal ein armer Mann, der hatte mit seiner Frau einen Sohn. Er besaß auch einen Esel. Der Esel schleppte für ihn Lasten und davon ernährte der arme Mann sein Weib und das Kind. So lebten sie glücklich und in Frieden, denn sie liebten einander und ließen sich das Leben nicht sauer werden.
Der arme Mann war ein guter Mensch. Er schlug seinen Esel nie, obwohl jedermann weiß, dass ein störrischer Esel ohne Stockschläge manchmal keinen Schritt geht. Dieser Mann aber brauchte seinem Esel nur gut zuzureden, und schon setzte das Tier seinen Weg fort.

In unserer Welt vergeht die Zeit schnell. Die Vögel tragen sie auf ihren Schwingen davon. Während sie mit den Flügeln schlagen, werden Kinder erwachsen und Erwachsene werden zu Greisen. So ist es bei den Menschen und bei den Tieren und Pflanzen. So war es auch bei unserem Helden. Sein Sohn wuchs heran, während er selber alt wurde, und auch seine Frau und der Esel alterten. Als dem armen Mann die letzte Stunde schlug, legte er sich aufs Krankenbett und starb. Sieben Tage und sieben Nächte beweinten Frau und Kind seinen Tod. Sogar der Esel ließ im Verschlag die Ohren hängen und seufzte tief und schwer. Aber einen Toten erweckt keine Klage mehr zum Leben.

Am Morgen des achten Tages trieb der Sohn den alten Esel auf den Markt, um durch Lastentragen etwas Geld zu verdienen. Als er am Abend heimkehrte, brachte er einen Fladen und einen Beutel voll Oliven mit. Er hatte auch Stroh für den Esel gekauft. Die Mutter begrüßte den Sohn freudig. Der war jedoch unzufrieden, weil er nur wenig verdient hatte.
»Lass den Kopf nicht hängen, mein Sohn«, tröstete ihn die Mutter, »ich bin froh,

dass du lebst und gesund bist. So Gott will, wirst du das nächste Mal mehr Glück haben.«

Sie aßen Brot und Oliven und tranken aus einem Krug mit zerschlagenem Hals kühles Brunnenwasser dazu.

Tags darauf trieb der junge Mann den Esel wieder auf den Markt. Er arbeitete bis tief in die Nacht hinein.

Mit zwei Fladen und zwei Beuteln voll Oliven kehrte er heim.

Die Mutter freute sich sehr, als sie sah, dass er diesmal zwei Fladen und zwei Beutel Oliven mitgebracht hatte, und sie sagte: »Du bist ein guter Junge, mein Sohn. Du willst mich nicht Hunger leiden lassen.«

Wieder stärkten sie sich mit Brot und Oliven und stillten ihren Durst mit kühlem Brunnenwasser.

Am Morgen des folgenden Tages begab sich der junge Mann abermals auf den Markt. Er und der Esel arbeiteten, bis ihnen die Kräfte den Dienst versagten.

Als der Jüngling heimkehrte, brachte er zwei Fladen, zwei Beutel Oliven und eine halbe Okka* Halwa** mit. Für den Esel kaufte er nicht nur Stroh, sondern auch Gerste.

Die Mutter ging dem Sohn voll Freude entgegen. Als sie sah, wie viel er verdient hatte, traten ihr Tränen in die Augen, und sie sprach zu ihm: »Mein Sohn, ich danke dir.«

Der junge Mann küsste der Mutter die Hand. Dann spürte er ihre Finger auf der Stirn. Seine Augen leuchteten. Sie waren dunkel, groß und lebhaft.

»Siehst du, Mutter, ich habe für unseren Lebensunterhalt gesorgt. Geh morgen zum Padischah*** und halte für mich um seine Tochter an. Wie ich gehört habe, soll sie sehr klug und schön sein. Sie kann dir in der Wirtschaft helfen. Du bist alt; ruh dich aus. Mag die Schwiegertochter das Haus besorgen.«

Als die Mutter ihren Sohn so sprechen hörte, war sie überrascht und runzelte die welke Stirn. »Mein Sohn, glaubst du, dass der Padischah dir seine Tochter gibt?«, fragte sie. »Willst du sie mit Brot und Oliven ernähren?«

»Wir haben auch Halwa«, erwiderte der Sohn.

»Die Tochter eines Padischahs ist gewohnt, süße Pasteten und Honig zu essen.« Darauf entgegnete der Jüngling nichts.

Am nächsten Morgen trieb er den Esel erneut auf den Markt. Ohne Pause schleppten sie schwere Lasten, sodass am Abend in dem Beutel für den Esel au-

---

* etwa ein Kilogramm
** orientalisches Naschwerk
*** islamischer Fürstentitel

ßer Stroh und Gerste auch Mohrrüben lagen und unser Freund nicht nur Brot, Oliven und Halwa heimbrachte, sondern auch viele Pasteten.

Wie lobte die Mutter den Sohn! Sie ließen sich Brot, Oliven und Halwa schmecken. Als die Pasteten an der Reihe waren, sprach der junge Mann: »Siehst du, Mutter, sogar Pasteten habe ich mitgebracht. Morgen werde ich das Geld für Honig verdienen. Geh zum Padischah und halte um die Hand seiner Tochter an. Könnte er sich einen besseren Schwiegersohn wünschen als mich? Schließlich bitte ich ihn nicht um Geld oder eine hohe Stellung, sondern nur um seine Tochter.«

Die arme Frau wusste nicht, was sie darauf erwidern sollte, aber sie dachte: Mein Sohn ist ein tüchtiger Mensch. Wäre er nicht wirklich würdig, die Tochter eines Padischahs zu heiraten?

Als der Jüngling am nächsten Morgen das Haus verlassen hatte, warf sich die Mutter eine Decke um und ging zum Palast, dessen Tor aus kunstvoll behauenem Marmor und purem Gold bestand. Hundert Schritte vor dem Schloss des Padischahs standen Wächter mit roten, goldbestickten Mützen. Sie hielten die arme Frau für eine Bettlerin und gaben ihr Geld. Der Glanz ihrer Mützen und des Schlosstores blendete die Mutter so, dass sie das Geld annahm und nach Hause ging.

Am Abend brachte der Sohn außer Brot, Oliven, Halwa und Pasteten einen Krug voll Honig heim. Als ihm die Mutter erzählte, wie es ihr ergangen war, schrie er zornig: »Für eine Bettlerin haben sie dich gehalten? Sie sind selbst Bettler, wenn sie auch goldbestickte Kleider tragen. Morgen gehst du wieder hin, wirfst ihnen das Geld ins Gesicht, sprichst mit dem Padischah und bittest ihn um die Hand seiner Tochter!«

Tags darauf begab sich die Mutter wieder zum Palast und verhielt sich so, wie es der Sohn gewünscht hatte. Sie schleuderte den Wächtern das Geld ins Gesicht. Die aber fielen über sie her und schlugen sie.

Die Mutter des Jünglings schrie vor Schmerzen. Aus einem goldvergitterten Fenster schaute die Tochter des Padischahs heraus. Sie hörte die Schreie und sah, wie die arme Frau geschlagen wurde. Nun war die Prinzessin nicht nur das schönste Mädchen auf Erden, sie hatte auch ein weiches Herz und tat keiner

Fliege etwas zu Leide, denn selbst in der Familie eines Sultans kann es gute Menschen geben, ebenso wie es in mancher Bauernfamilie schlechte gibt.

Das Mädchen befahl, von der Frau abzulassen, und wollte wissen, was es gebe.

»Weshalb bist du zum Palast gekommen?«, wurde die Mutter von den Wächtern gefragt.

»Weil ich mit dem Padischah reden möchte«, erwiderte die Mutter.

Als die Wächter das hörten, hätten sie sich beinahe wieder auf sie gestürzt.

»Die zerlumpte Alte will den Padischah sprechen«, meldeten sie dem Mädchen.

Die Prinzessin bat ihren Vater inständig, die Frau anzuhören, und der Padischah, der seiner Tochter nicht gern wehtat – zum Glück war er auch gerade gut aufgelegt –, ließ die Frau schließlich vor.

Die Mutter des jungen Mannes sagte so einfach, als wollte sie in einem Laden Rosinen kaufen: »Ich bin gekommen, um dir zu sagen, dass dich mein Sohn um die Hand deiner Tochter bittet.«

Vor Staunen zog der Padischah die dicken, buschigen Brauen hoch. Seine Augen wurden zuerst weit, dann verengten sie sich, und sein wallender weißer Bart zitterte, ob aus Zorn oder Heiterkeit, das lässt sich schwer erraten. Die Wesire schüttelten die Köpfe mit den riesigen Turbanen. Der Scharfrichter, der hinter dem Thron stand, legte die Hand aufs Schwert, denn er glaubte nicht anders, als dass der Padischah befehlen werde: »Schlag der Frau den Kopf ab! Wie kann sie es wagen, für irgendeinen Kerl von unedler Geburt und ohne Stammbaum um die Hand der Prinzessin anzuhalten!«

Der Padischah aber gab diesen Befehl nicht. Wie schon gesagt, war er bei bester Laune. Er hatte nämlich soeben die Nachricht erhalten, dass seine Armee, die seit zehn Jahren eine Stadt belagerte, endlich durch die Festungsmauern gedrungen war. Nun träumte er von großen Karawanen; er sah Kamele, die Säcke voll Gold, Silber und Perlen in sein Land schleppten.

Weil der Padischah so gut aufgelegt war, beschloss er, mit der Frau seinen Spaß zu treiben.

»Das trifft sich ausgezeichnet«, sagte er, »ich habe auch schon daran gedacht, deinem Sohn meine Tochter zu geben. Falls er in vierzig Tagen die Zauberformel Allem-Kallem erlernt, soll er das Mädchen haben; gelingt es ihm nicht, so übergeben wir seinen Kopf diesem Herrn.« Bei den letzten Worten deutete der Padischah auf den Scharfrichter, der hinter dem Throne stand.

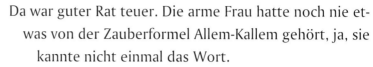

Da war guter Rat teuer. Die arme Frau hatte noch nie etwas von der Zauberformel Allem-Kallem gehört, ja, sie kannte nicht einmal das Wort.

Aber sie fasste sich ein Herz und erwiderte: »Gut, ich werde es meinem Sohn berichten. In vierzig Tagen wird er die Formel erlernen. Er ist strebsam und klug.«

Auf dem Nachhauseweg unterdrückte die Mutter ihr Schluchzen, weil sie sich vor den Leuten schämte, doch daheim angekommen, vergoss sie heiße Tränen, denn sie glaubte nicht anders, als dass ihr Sohn den Kopf verlieren würde. Wo und bei wem sollte er, der weder lesen noch schreiben konnte, die Zauberformel Allem-Kallem erlernen?

Am Abend kehrte der junge Mann zurück. Er sah das verweinte Gesicht der alten Frau und hatte Mitleid mit ihr, aber als sie ihm erzählte, was geschehen war, lachte er und streichelte ihr zärtlich die runzligen Wangen.

»Weshalb bist du traurig, Mutter?«, fragte er. »Ich werde das Sprüchlein schon lernen. Ganz gewiss gibt es in unserem Land einen Menschen, der es kennt. Lass uns nur keine Zeit verlieren, sondern Deckbett und Matratze auf den Esel laden, wir wollen recht bald ausziehen, um den zu suchen, der mich das Allem-Kallem lehrt.«

Sie packten ihre Habseligkeiten zusammen – einige alte Lumpen, die als Decke und Matratze dienten, einen blechernen Schmortopf und den Krug mit dem zerbrochenen Hals. Das alles packten sie dem Esel auf den Rücken. Als der Morgen graute, waren sie schon unterwegs. Lange zogen sie umher, die Kreuz und die Quer, ohne mit ihrem Geschick zu hadern. Ein Hirte gab ihnen Brot und Käse. Am nächsten Tag erklommen sie einen Berg, und weil sie von der Reise müde waren, beschlossen sie, die Nacht auf dem Gipfel zu verbringen. Am Himmel leuchteten die Sterne. Bald war die Mutter eingeschlafen. Auch der junge Mann wollte sich gerade niederlegen, als der Esel zu schreien begann. Da erschraken Mutter und Sohn und sprangen auf.

Zu ihrem Entsetzen sahen sie aus dem Walde einen Riesen auf sich zukommen. Er war so groß, dass er mit dem Kopf fast an die Sterne rührte. Viel hätte nicht gefehlt und die arme Frau wäre vor Angst gestorben. Ihr Sohn beruhigte den Esel, der unaufhörlich schrie. Er fürchtete sich nicht, doch sein Herz schlug etwas schneller.

Der Riese fragte mit einer Stimme, die wie Donner grollte und bei deren Klang die Bäume im Walde erzitterten: »Was begehrt ihr?«

Wir haben schon bemerkt, dass der Jüngling damit beschäftigt war, den Esel zu beruhigen. Also erzählte die Frau, was sich alles zugetragen hatte.

»Gut«, brüllte der Riese, »lass mir deinen Sohn hier. Ich will ihm das Allem-Kallem beibringen. Nach achtunddreißig Tagen kommst du wieder und nimmst ihn mit nach Hause.«

Die Mutter wollte sich nicht von ihrem Sohn trennen. In achtunddreißig Tagen konnte sie – falls ihre Kräfte reichten – mit ihm und dem Esel das Land verlassen. Aber der Sohn stimmte ihr nicht zu und küsste ihr zum Abschied die Hand. Der alten Frau fiel es sehr schwer, allein heimzukehren, und sie weinte bitterlich.

Ihr Junge blieb unter dem reinen Himmel auf dem Gipfel des Berges. Sobald die Mutter gegangen war, versetzte ihm der Riese einen Schlag, der den Jüngling in einen Apfel verwandelte. Er steckte die Frucht ein und schritt davon.

Riesen legen an einem Tage einen Weg zurück, für den ein Mensch vierzig Tage brauchen würde. Unser Riese war nicht schlechter als seine Brüder. Er schaffte die Vierzigtagestrecke bis zu seinem Palast sogar in dreiundzwanzig und einer halben Stunde, trat, dort angekommen, in ein gewaltiges Zimmer, zog den Apfel aus der Tasche und schlug darauf. Sogleich verwandelte sich der Apfel in den jungen Mann zurück. Der Riese schloss ihn ein und entfernte sich.

Zwei Stunden verbrachte der junge Mann in dem Zimmer, dann wurde es ihm zu dumm. Er versuchte, die Tür zu öffnen, aber sie war verschlossen. Weil ihm nichts Besseres einfiel, stimmte er ein Lied an. Zu seinem freudigen Erstaunen sprang die Pforte auf, und ein Mädchen, zart und sanft wie der volle Mond, trat herein.

»Mein Bruder, wie kommst du hierher und singst noch so fröhlich?«, fragte sie. »Hat der verfluchte Riese auch dir versprochen, dass du bei ihm die Zauberformel Allem-Kallem lernen sollst? Sieh dir diesen Turm an.«

Der junge Mann schaute zum Fenster hinaus und erblickte einen Turm, siebenundsiebzig Stockwerke hoch, der von unten bis oben aus Totenköpfen errichtet war.

»Die Schädel gehörten einst Menschen wie dir«, erklärte das Mädchen. »Sie alle wanderten her, um die Zauberformel Allem-Kallem zu erfahren, aber wer dieses Zimmer betritt, verlässt es lebend nimmermehr.«

»Ob du mir glaubst oder nicht, ich werde heil und gesund herauskommen«, entgegnete der junge Mann mit fester Stimme, »denn ich muss das Allem-Kallem erlernen, um des Padischahs Tochter zu freien.«

Seine Furchtlosigkeit gefiel dem Mädchen, und es entgegnete: »Gut, ich will dir einen Rat geben. Vielleicht hast du Glück. Wenn morgen früh der Riese kommt, um dich zum Zweikampf zu fordern, darfst du ihm keinen Widerstand leisten. Erhebst du nur den kleinen Finger gegen ihn, zerschlägt er dich in tausend Stücke. Er wird sich auf dich stürzen, aber du musst zur Erde sinken. Das kann der Unhold nicht ertragen. Er wird dich rütteln und schütteln und brüllen: ›Hoch, hoch!‹ Darauf darfst du nicht achten. Bleib auf dem Rücken liegen. Morgen Abend komme ich wieder zu dir. Dann sollst du mehr erfahren.«

Nach diesen Worten ging das Mädchen fort. Der junge Mann tat in der Nacht kein Auge zu. Er wartete auf den Morgen. So groß sein Heldenmut sonst war – jetzt fürchtete er sich.

Am Morgen kam der Riese, und sie begannen zu kämpfen, sie stürzten aufeinander zu. Der Jüngling fiel auf den Rücken. Der Riese schrie und stieß ihn mit dem Fuß an, damit sein Gegner weiterkämpfe. Fußtritte eines Riesen sind kein Vergnügen, aber der Sohn lag still da und regte sich nicht, bis ihn der Gewaltige hochhob und auf die Beine stellte. Für einen Augenblick stand der Jüngling aufrecht, dann sank er wieder um. Der Riese richtete ihn auf, doch der junge Mann fiel zu Boden. So rangen beide bis zum späten Abend.

Als es dunkel wurde, verschloss der Riese das Zimmer. Der Jüngling war so schwach, dass er sich kaum noch rührte. Um Mitternacht wurde die Tür geöffnet, und das schöne Mädchen trat ein. »Mein Bruder«, sprach sie, »du bist meinem Rat gefolgt, das hat dir das Leben gerettet. Zur Belohnung will ich dich das Allem-Kallem lehren.«

Bis zum Morgengrauen übte sie mit ihm die Zauberformel. Das Mädchen hatte kaum das Zimmer verlassen, als der Riese wieder kam und der Kampf von Neuem begann. Wie am Tage zuvor leistete der Jüngling nicht den geringsten Widerstand. Beim ersten Angriff sank er zu Boden. Wieder wurde der Riese böse, forderte den jungen Mann auf, weiterzukämpfen, schlug ihn und schrie ihn an. Die Schreie eines Riesen dröhnen lauter als Donner, aber sie fruchteten nichts. Der junge Mann widersetzte sich den Angriffen des Unholds nicht.

Am Abend schloss ihn der Riese ins Zimmer ein und ging fort. Um Mitternacht kam wieder das Mädchen und lehrte den Jüngling das Allem-Kallem.

So vergingen achtunddreißig Tage. Bis zum Abend schlug der Riese auf den jungen Mann ein, in der Nacht lernte der Jüngling das Allem-Kallem.

Am achtunddreißigsten Tage sprach der Riese: »Mein Sohn, du bist der dümmste aller Dummköpfe. Wie soll ich dir die Zauberformel beibringen, wenn du auf den Rücken fällst, sobald ich dich anrühre? Scher dich fort von hier und lauf zu deiner Mutter. Sie erwartet dich auf dem Gipfel des Berges.«

Der junge Mann tat, wie ihm geheißen. Er war zufrieden, weil er das Allem-Kallem erlernt und sich vor dem Riesen gerettet hatte.

Oben angekommen, umarmte er seine Mutter. Dann machten sich beide auf den Rückweg. Sie waren noch keine zehn Schritte gegangen, als sich der Sohn plötzlich in einen Hasen verwandelte. Es war ein hübscher Hase, das Fell weiß wie Schnee,

die Augen rot wie Korallen und die Ohren kerzengerade gespitzt. Der Hase hoppelte der alten Frau um die Beine.

Da wunderte sich die Mutter und war zugleich erschrocken. Sie sah ihren Sohn nicht mehr. Wo sollte sie ihn suchen? Wo kam der Hase her?

Die arme Frau begann wieder zu weinen. »Mein lieber Junge, wo bist du«, rief sie, »was ist dir geschehen?«

Der Hase hüpfte und sprang noch ein Weilchen, bewegte den feinen Schnurrbart, dann verwandelte er sich – hopp! – wieder in einen Menschen.

»Wo bist du gewesen?«, fragte die Mutter. »Ich konnte dich nicht sehen. Soeben ist ein Hase um mich herumgesprungen. Wärest du nicht fortgerannt, hätten wir ihn fangen und verkaufen können. Schade, dass er uns entkommen ist.«

Als sie noch ein Stück Wegs gegangen waren, verwandelte sich der junge Mann – hopp! – in ein Pferd. Das war kein gewöhnliches Pferd. Seine Haare bestanden aus Gold, die Hufeisen aus Diamanten, und in den Schwanz waren Perlenketten geflochten. Das Fell glänzte im Sonnenschein, sodass jeder, der es ansah, geblendet die Augen schloss. Als die Mutter das Pferd erblickte, rief sie ihren Sohn herbei.

»He, Sohn, wo steckst du? Komm schnell her! Wir wollen das Pferd fangen und auf den Markt bringen. Für dieses Tier bekommen wir so viel Geld, dass es bis ans Lebensende reicht.«

Der Sohn lachte – genauer gesagt: er wieherte. Während seine Mutter nach links und rechts Ausschau hielt, verwandelte er sich – hopp! – in einen Menschen zurück.

Nach vielen weiteren Abenteuern langten Mutter und Sohn endlich zu Hause an. Tags darauf verwandelte sich der Sohn vor den Augen der Mutter in einen gefleckten Hirsch mit goldenem Geweih und Hufen aus Edelstein.

»Mutter«, sprach er, »führe mich auf den Markt, verkaufe mich.«

»Aber, mein lieber Sohn, wie kann ich dich verkaufen?«

»Sei getrost und fürchte nichts. Tu, was ich dir sage.«

Da führte die Mutter den Hirsch auf den Markt, und die Menschen umringten das Tier; denn so etwas hatte in der Stadt noch niemand gesehen. Schließlich sprach ein Händler: »Diesen Hirsch kann kein anderer als der Padischah kaufen. Nur er hat genug Geld, um den Preis zu zahlen.«

Die Nachricht von dem wunderbaren Tier war auch zum Palast gedrungen, und der Fürst schickte seine Leute auf den Markt. Weil der Hirsch den Dienern gefiel, kauften sie ihn für einen Beutel voll Gold. Obwohl das Tier weit mehr wert war, konnte die arme Frau nichts tun, denn den Preis setzten die Leute des Padischahs fest. Hätte sie gesagt: »Nein, das ist zu wenig«, wären die Diener fortgegangen und sie hätte das Nachsehen gehabt.

Der Hirsch wurde in einen Stall gesperrt und mit frischem Heu versorgt. Er begann zu fressen, aber je mehr er fraß, desto kleiner wurde er, bis schließlich nichts mehr von ihm übrig war als die Kette und das Zaumzeug an der Wand. Die Diener sahen das alles mit an und trauten ihren Augen nicht. Sie berichteten dem Padischah, was geschehen war, und der Fürst sann lange über die Geschichte nach, wobei er sich unablässig den weißen Bart strich.

»Was mag das für ein Tier gewesen sein?«, fragte er die Wesire.

Da keiner eine Antwort wusste, beschloss der Padischah endlich, nicht länger darüber zu grübeln.

Doch kehren wir zu dem jungen Mann zurück. Er hatte wieder Menschengestalt angenommen, war nach Hause gegangen und bat seine Mutter, für das erhaltene Geld ein Haus zu bauen. Danach verwandelte er sich in einen arabischen Renner.

»Führe mich auf den Markt, biete mich feil«, sagte er.

Die Frau brachte den Hengst in die Stadt. Solange der Markt bestand, seit Menschengedenken hatte niemand ein so wunderbares Pferd gesehen. Die Kaufleute liefen zusammen, die Handwerksmeister, alle wohlhabenden und reichen Herren, doch niemand wusste einen Preis für den Hengst zu nennen. Nun war es so, dass der Padischah für Pferde eine große Schwäche hatte. Als er von dem Wunderross hörte, schickte er seine Leute auf den Markt.

Während der junge Mann den Padischah mit Hilfe des Allem-Kallem zum Narren hielt, merkte auch der Riese, was sich zugetragen hatte. Er ahnte nichts Gutes, verwandelte sich in den Wind und flog auf den Markt. Dort ergriff er den Rappen am Halfter. Der junge Mann war jedoch auf der Hut. Er nahm die Gestalt einer Taube an und schwebte durch die Luft. Da wurde der Riese zum Adler und verfolgte den Vogel. Die Taube flog zum Palast des Padischahs, setzte sich vor einem Zimmer der Prinzessin aufs Fensterbrett und verwandelte sich in einen Rosenstrauß.

Die Tochter des Padischahs hatte noch nie in ihrem Leben so schöne Rosen gesehen.

»Ach, was sind das für herrliche Blumen!«, rief sie aus, öffnete das Fenster, ergriff die Rosen und roch daran.

Als der Riese das sah, schüttelte er den Palast, als wäre es ein Puppenhaus. Da erschrak das Mädchen so, dass es den Strauß aus dem Fenster auf die Straße fallen ließ. Die Rosen wurden zu Hirsekörnern, die über die Erde rollten. Der Riese nahm die Gestalt eines Huhnes an und pickte die Hirse auf. Von ihrem Fenster konnte die Tochter des Padischahs alles mit ansehen und erschrak jämmerlich. Das Huhn pickte und pickte, bis nur ein Körnchen übrig blieb, das sich in einen Fuchs verwandelte. Der Fuchs stürzte sich auf das Huhn und biss es tot. Die Prinzessin, die Wächter und die Vorübergehenden aber, vor deren Augen sich der Kampf abspielte, glaubten zu träumen. Der Fuchs wurde zu einem Menschen. Der junge Mann verneigte sich vor dem Mädchen, stieß die Wächter beiseite und eilte geradewegs zum Padischah.

»Hier bin ich«, rief er, »ich habe das Allem-Kallem erlernt. Jetzt halte Wort und lass mich deine Tochter heiraten.«

Der Padischah war ratlos. Er versuchte eine List zu ersinnen, um die Tochter nicht einem Mann aus armem Hause geben zu müssen, aber er wusste, dass er über den Freier keine Macht mehr hatte.

Der Jüngling erriet des Padischahs Gedanken und sprach: »Wenn du dein Versprechen nicht hältst, zeige ich dir noch einmal, wie vortrefflich ich das Allem-Kallem beherrsche. Dann wirst du als Schwein auf deinem Thron sitzen. Entweder du gibst mir deine Tochter, oder ich verwandle dich in ein Schwein. Wähle selbst.«

Schweren Herzens willigte der Padischah ein, doch dem Mädchen gefiel unser Held schon lange. Vierzig Tage und vierzig Nächte währte die Hochzeitsfeier. Danach begab sich der junge Mann in den Palast des toten Riesen. Er verheiratete das Mädchen, das ihn die Zauberformel Allem-Kallem gelehrt hatte. Aber auch seinen Esel vergaß er nicht, er baute ihm einen vortrefflichen Stall und setzte eine Rente für ihn fest.

A. N. AFANASJEW

Schwesterchen Aljonuschka und Brüderchen Iwanuschka

Zwei Waisen – Schwesterchen Aljonuschka und Brüderchen Iwanuschka – waren auf einer langen Wanderschaft, sie gingen über ein weites Feld und die Hitze, die Hitze setzte ihnen arg zu. Iwanuschka bekam Durst: »Schwesterchen Aljonuschka, ich habe Durst.«

»Gedulde dich, Brüderchen, wir werden bald zu einem Brunnen kommen.« Sie wanderten und wanderten. Die Sonne stand hoch, der Brunnen war weit, die Hitze setzte ihnen zu, der Schweiß perlte auf der Stirn! Auf einmal sahen sie den Huf einer Kuh, der war voll Wasser. »Schwesterchen Aljonuschka, darf ich aus dem Huf trinken?«

»Trinke nicht, Brüderchen, sonst wirst du ein Kälbchen.« Das Brüderchen gehorchte und ging weiter. Die Sonne stand hoch, der Brunnen war weit, die Hitze setzte ihnen zu, der Schweiß perlte auf der Stirn! Auf einmal sahen sie den Huf eines Pferdes, der war voll Wasser. »Schwesterchen Aljonuschka, darf ich aus dem Huf trinken?«

»Trinke nicht, Brüderchen, sonst wirst du ein Fohlen.« Iwanuschka seufzte und ging weiter. Die Sonne stand hoch, der Schweiß perlte auf der Stirn! Auf einmal sahen sie den Huf eines Schafbocks, der war voll Wasser. Das Brüderchen sah ihn und trank ihn leer, ohne Aljonuschka zu fragen. Aljonuschka rief nach Iwanuschka, aber statt Iwanuschka kam ein weißes Böckchen gelaufen. Da verstand sie, was geschehen war, brach in Tränen aus, setzte sich unter einen Heuschober und weinte, das Böckchen aber hüpfte vor ihr im Gras.

Ein Herr fuhr vorüber, er ließ anhalten und fragte: »Warum weinst du, schönes Mädchen?« Sie erzählte ihm von ihrem Unglück. »Heirate mich«, sagte der Herr, »ich will dich mit schönen Kleidern und mit Silber schmücken und auch für dein Böckchen sorgen: Es soll immer dort sein, wo du bist.« Aljonuschka willigte ein; sie hielten Hochzeit und lebten so einträchtig miteinander, dass gute Menschen bei ihrem Anblick sich freuten und die bösen vor Neid grün wurden.

Eines Tages verreiste der Mann und Aljonuschka blieb allein zu Hause. Eine Hexe band ihr einen Stein um den Hals und warf sie ins Wasser, dann zog sie ihre Kleider an und nahm ihre Stelle in dem herrschaftlichen Haus ein; niemand merkte es, selbst der Gatte ließ sich täuschen. Nur das Böckchen wusste alles, es war traurig, ließ den Kopf hängen, verschmähte sein Futter, lief von morgens bis abends am Wasser entlang und rief: »Bäh, bäh!« Die Hexe erfuhr davon und wurde zornig. Sie befahl, große Feuer zu machen, eiserne Kessel darüber zu hängen, scharfe Messer zu wetzen und sprach: »Der Schafbock wird geschlachtet!« Dann schickte sie einen Diener aus, um das Böckchen einzufangen. Ihr Gatte wunderte sich: Früher konnte die Frau von dem Böckchen kein Auge lassen, sie lag ihm immer in den Ohren, ob das Tier auch genug zu fressen und zu trinken habe – und nun sollte es geschlachtet werden! Das Böckchen aber merkte, dass es nicht mehr lange leben sollte, es legte sich am Ufer nieder und klagte:

»Mein Schwesterchen Aljonuschka!
Ich soll geschlachtet werden!
Die hohen Flammen prasseln schon,
die Eisenkessel sprudeln schon,
die scharfen Messer sind gewetzt!«

Aljonuschka antwortete ihm:

>>*Ach, Brüderchen Iwanuschka!*
Der Stein an meinem Hals ist schwer,
um meine Hände schlingt sich Gras,
auf meiner Brust liegt gelber Sand!«

Ein Diener hörte sie klagen und wunderte sich. Er ging zu dem Herrn und meldete es ihm; darauf legten sie sich auf die Lauer. Das Böckchen kam wieder ans Ufer, rief nach Aljonuschka und klagte über dem Wasser:

>>*Mein Schwesterchen Aljonuschka!*
Ich soll geschlachtet werden!
Die hohen Feuer prasseln schon,
die Eisenkessel sprudeln schon,
die scharfen Messer sind gewetzt!«

Aljonuschka antwortete ihm:

>>*Ach, Brüderchen Iwanuschka!*
Der Stein an meinem Hals ist schwer,
um meine Hände schlingt sich Gras,
auf meiner Brust liegt gelber Sand!«

»Herbei, herbei«, rief der Herr, »alles Gesinde herbei! Legt Reusen aus, werft seidene Netze aus!« Das Gesinde versammelte sich, seidene Netze wurden ausgeworfen; bald zogen sie Aljonuschka herauf. Sie brachten sie ans Ufer, schnitten den Stein ab, sie tauchten sie in frisches Wasser, wuschen sie, schlugen sie in weißes Linnen ein, da war sie noch schöner als zuvor und fiel ihrem Mann um den Hals. Das Böckchen wurde wieder Brüderchen Iwanuschka und alle lebten wie vorher glücklich und zufrieden, und nur die Hexe musste büßen: Aber das geschah ihr recht, denn mit einer Hexe, heißt es, braucht man kein Mitleid zu haben!

ITALO CALVINO

Prinz Krebs

Es war einmal eine Prinzessin, die liebte Fische und alles Meergetier. Ihr Vater, ein mächtiger König, hatte ihr einen Fischteich im Schlosshof anlegen lassen, größer und schöner als der königliche Garten. Da saß sie oft und sah den Äschen und Forellen zu, die im Wasser umherschwammen.

Nicht weit von dem Schloss lebte ein armer Fischer, der hatte kaum genug, Essen für seine Kinder zu kaufen. Eines Tages, als er wieder einmal von trüben Gedanken geplagt sein Netz aus dem Meer ziehen wollte, da war es ihm so schwer, dass er es fast nicht vermochte. Er musste alle Kraft aufwenden, um es ans Ufer zu bekommen, und er war neugierig, was für einen Fang er gemacht hatte. Er zog und zog, und endlich wurde in dem Netz ein riesiger Krebs sichtbar, größer als der größte Fisch, den der Fischer je gefangen hatte, ja, größer als der Fischer selbst. Dem Mann wurde bang, doch weil das Tier ihm nichts zu Leide tat, wagte er es endlich, ihn aus dem Netz zu befreien. Er schulterte es und dachte bei sich: »Ich will diesen Krebs dem König bringen, vielleicht kauft er ihn mir ab und gibt mir ein Goldstück dafür.«

Mühsam schleppte er den Krebs zum Palast des Königs und ließ sich melden. »Gnädiger Herr«, sprach er, »ich habe ein wundersames Tier gefangen und will es Euch verkaufen. Ich bringe Euch diesen Krebs und bitte um ein Goldstück.«

Der König staunte, als er den riesigen Krebs zu Gesicht bekam, aber er wollte ihn nicht haben. »Was soll ich mit diesem Ungetüm?«, sagte er. »Wirf es wieder ins Meer!«

In diesem Augenblick trat die Prinzessin in den Saal, und als sie den Krebs erblickte, war sie von ihm wie verzaubert. »Oh Vater«, rief sie entzückt, »diesen Krebs will ich haben! Bitte, kauf ihn mir! Er soll in meinem Fischteich schwimmen.«

Der Vater konnte seiner Tochter keinen Wunsch abschlagen. Er seufzte und sprach: »So sollst du ihn bekommen, mein Kind!« Er ließ das Tier in den

Fischteich bringen und dem Fischer ein Goldstück geben. Der hüpfte freudig heim und war seiner Sorgen ledig.

Die Prinzessin aber saß von nun an Tag für Tag von morgens bis abends an ihrem Teich und sah dem Krebs zu, der gemächlich durch das Wasser schwamm. Sie hatte ihn bald so lieb gewonnen, dass es ihr schwerfiel, sich abends von ihm zu trennen, und jeden Morgen eilte sie früher hinaus, um ihn zu sehen. Nicht lange und sie wusste alle seine Gewohnheiten auswendig. Eines nur gab ihr Rätsel auf: Jeden Mittag punkt zwölf verschwand das Tier, ohne dass sie herausbekommen konnte, wohin es schwamm, und pünktlich um drei Uhr war es wieder zurück.

Eines Tages um die Mittagszeit, als die Prinzessin wieder einmal an ihrem Teich saß und darauf wartete, dass der Krebs auf geheimnisvolle Weise untertauchen würde, trat ein zerlumpter Bettler in den Schlosshof und bat um ein Almosen. Die Prinzessin hatte ein gutes Herz. Sie rief zu ihrer Zofe hinauf, die aus dem Fenster ihres Gemaches lehnte, sie solle dem Mann ein Geldstück herunterwerfen. Die Zofe tat, wie ihr geheißen, der Bettler aber war nicht flink genug und bekam die Münze nicht zu fassen. Sie plumpste in den Wassergraben, der den Hof begrenzte. Da stieg der Bettler kurzerhand in den Graben hinein, um das Goldstück zu suchen. Er tauchte unter bis auf den Grund, aber er konnte es nicht finden. Er schwamm und schwamm immer weiter unter Wasser, und wie erstaunte er, als er auf den Grund des Fischteiches gelangte und bemerkte, dass von hier ein unterirdisches Netz von Kanälen abzweigte. Ohne zu wissen, wohin sie ihn führen würden, schwamm der Mann durch die Kanäle und fand sich bald in einem großen, goldenen Wasserbecken, das in einem wunderbaren Saal stand. Viele seltsame Fische tummelten sich in dem Becken und in dem Saal waren Bänke zum Ruhen und in der Mitte ein großer Tisch, gedeckt mit den schönsten Meeresspeisen. Ringsum war der Saal mit grünen Vorhängen geschmückt. Der Bettler stieg aus dem Wasserbecken und verbarg sich hinter einem der Vorhänge.

Kaum hatte er sich in sein Versteck begeben, da tauchte eine wun-

derschöne Fee aus den Fluten. Sie trug eine rote Blume im Haar und saß auf dem Rücken eines riesigen Krebses und ließ sich von ihm in den Saal tragen. Schließlich stieg sie ab, berührte mit ihrem Zauberstab die Krebsschale – und schon stand ein schöner junger Mann vor ihr. Die Fee reichte ihm die Hand, und er führte sie an den Tisch. Beide setzten sich und speisten. Als sie genug gegessen und getrunken hatten, berührte die Fee den schönen Jüngling wieder mit ihrem Zauberstab, und er verschwand in der Krebsschale. Die Fee setzte sich auf den Rücken des Tieres und tauchte mit ihm in das Becken.

Dem Bettler war unheimlich zu Mute. Rasch trat er hinter dem Vorhang hervor, sprang wieder ins Wasser und schwamm durch die Kanäle zurück. Er gelangte zu dem Fischteich, konnte aber von dort den Weg in den Wassergraben nicht finden, und so blieb ihm nichts übrig, als hier aufzutauchen.

Die Prinzessin saß noch immer am Teich und wartete auf die Rückkehr des Krebses. Sie erschrak, als sie plötzlich den Bettler unter der Wasseroberfläche erblickte. Als er aus dem Teich gestiegen war, fiel er vor ihr auf die Knie und erzählte, was sich zugetragen hatte. Die Prinzessin wusste nun endlich, wohin der Krebs verschwand, und es verlangte sie danach, den Mann zu sehen, der in der Schale steckte. »Höre, guter Mann«, sprach sie zu dem Bettler, »du sollst ein neues Goldstück bekommen, wenn du morgen mit mir in den unterirdischen Saal tauchst und mich sehen lässt, was du heute gesehen hast.« Der Bettler, der gefürchtet hatte bestraft zu werden, war dazu gern bereit.

Am nächsten Tag um die vereinbarte Zeit erschien er wieder im Hof des Schlosses und gemeinsam mit der Prinzessin sprang er in den Graben und tauchte unter. Sie schwammen durch die Wasserarme unter dem Palast, bis sie zu dem Saal mit den grünen Vorhängen kamen. Sie stiegen aus dem Becken, verbargen sich und warteten, was geschehen würde. Kurz nachdem es zwölf geschlagen hatte, tauchte der Krebs mit der Fee aus den Fluten. Die Fee stieg ab, berührte mit dem Zauberstab das Tier und sofort stand der schöne junge Mann neben der Krebsschale, reichte ihr die Hand und führte sie zu der festlich gedeckten Tafel. Während sie dort speisten und tranken, flüsterte die Prinzessin dem Bettler zu, er solle zurückschwimmen und sich nicht um sie sorgen. Ihre Zofe würde im Hof auf ihn warten und ihm das versprochene Goldstück geben. Und sie kroch hinter dem Vorhang hervor und in die Krebsschale hinein, die ganz in der Nähe lag. Bald stieg der schöne Jüngling in seine Schale zurück, und als er bemerkte, dass ein Mädchen darin war, wurde er ganz verzweifelt.

»Oh, du Unglückliche!«, flüsterte er. »Wenn dich die Fee hier entdeckt, müssen wir beide sterben.«

»Wer bist du?«, fragte die Prinzessin unerschrocken, denn der Jüngling gefiel ihr sehr.

»Ich bin ein verzauberter Prinz«, antwortete er traurig. »Die Fee hat mich in einen Krebs verwandelt, und ich kann nur erlöst werden, wenn ich ein Mädchen finde, das mich so liebt, dass es bereit wäre, alles für mich auf sich zu nehmen, selbst wenn es sein Leben kosten könnte.«

»Das will ich«, erwiderte die Prinzessin, denn sie hatte sich Hals über Kopf in den Jüngling verliebt.

Nun aber musste der Prinz die Beine des Krebses bewegen und die Fee forttragen. Er brachte sie hinaus ins Meer, wo sie sich in die Wogen warf und davonschwamm, ohne dass sie den geringsten Verdacht geschöpft hatte. Der Prinz und die Prinzessin lagen eng beieinander in der Krebsschale und ließen sich zurück in die unterirdischen Kanäle treiben bis in den Fischteich im Schlosshof. Unterdessen erklärte der Prinz seiner Liebsten, was sie zu tun hatte, um ihn zu erlösen.

»Der einzige Weg, mich zu befreien, ist, die Blume, die die Fee im Haar trägt, zu erringen. Diese Blume ist mein Leben. Solange sie in der Hand der Fee ist, muss ich in der Krebsschale bleiben. Wenn du sie erlangst, bin ich frei. Die Fee liebt Musik mehr als alle Dinge auf der Welt. Wenn du auf einer Klippe am Meer singst und spielst, wird sie kommen und dir lauschen. Dann musst du aufhören zu spielen, und wenn sie dich bittet weiterzumusizieren, so sage: Gern, wenn Ihr mir die Blume in Eurem Haar dafür schenkt. Dann wird sich zeigen, ob sie mich freigibt und ob du die Blume erringen kannst.«

»Das will ich versuchen«, entgegnete die Prinzessin traurig. »Du musst aber wissen, dass ich nicht singen und musizieren kann. Ich werde es erlernen, aber bis dahin wird viel Zeit vergehen. Hab Geduld, mein Prinz, und vertraue mir. Ich werde dich erlösen.« Darauf gab sie ihm einen Kuss, stieg aus der Krebsschale und schwamm an Land.

Die Prinzessin ging schnurstracks zu ihrem Vater und sprach:

»Vater, ich will singen und musizieren lernen.«

Dem König gefiel diese Idee, und er rief die besten Sängerinnen und Musikantinnen auf sein Schloss, die sollten seine Tochter unterrichten.

Die Prinzessin übte unermüdlich. Jeden Tag ging sie zu ihrem Fischteich und sang, und der Krebs schwamm an ihrer Seite. Ein Jahr verging, da übertraf die Prinzessin alle ihre Lehrerinnen. Der König fragte seine Tochter: »Nun, mein Kind, bist du jetzt zufrieden?«

»Ja, Vater«, antwortete sie. »Ich danke dir, dass du mich das Singen und Musizieren hast erlernen lassen. Nun möchte ich auf einer Klippe am Meer singen und Geige spielen. Gleich morgen will ich das tun.«

»Auf einer Klippe singen? Am Meer? Kind, das erlaube ich nicht!«

»Ich muss es tun, sonst werde ich mein Glück nicht finden«, sagte die Prinzessin entschlossen, und weil ihr Vater wusste, dass sie tat, was sie sich vorgenommen hatte, willigte er schließlich ein. Er gab aber der Prinzessin acht Dienerinnen mit, die sollten über sie wachen.

Gleich am nächsten Tag machte sich die Prinzessin auf ans Meer. Sie stieg auf die höchste Klippe, und ihre Dienerinnen versammelten sich ringsum. Sie nahm ihre Geige und spielte und sang so wunderschön, dass alle weinen mussten. Sie hatte noch nicht lange gespielt, da tauchte die Fee aus den Wogen auf. Die Prinzessin ließ die Geige sinken und schickte sich an, von der Klippe zu steigen.

»Warte!«, rief die Fee. »Spiel weiter! Deine Musik gefällt mir.«

»Was wollt Ihr mir dafür geben?«, fragte die Prinzessin.

»Was du willst«, sagte die Fee und da sprach das Mädchen: »So wünsche ich mir die Blume, die Ihr im Haar tragt.«

Die Fee zögerte, dann sagte sie: »Du sollst die Blume haben, wenn du sie von dort holst, wohin ich sie werfe.«

Die Prinzessin war einverstanden. Sie nahm die Geige wieder auf und spielte eine Melodie, schön wie das Rauschen des Meeres. Als sie geendet hatte, rief sie: »Nun gebt mir, was Ihr versprochen habt!«

Da zog die Fee die rote Blume aus ihrem Haar, warf sie mit aller Kraft in die tosenden Wellen, tauchte unter und war verschwunden. Die Prinzessin überlegte nicht lange. Sie sprang von der Klippe und versuchte, die Blume zu erreichen. Die Dienerinnen fingen an zu schreien, sie möge zurückkommen, sie aber schwamm unbeirrt weiter. Die Blume trieb rasch in das offene Meer hinaus, und die Prinzessin konnte sie nicht fassen. Plötzlich jedoch war es, als würde die Blume auf sie warten, noch eine Woge, und sie wurde ganz dicht zu ihr herangespült. Mit letzter Kraft griff die Prinzessin die Blüte. Dann versagten ihre Kräfte, und sie ließ sich von den Wellen treiben. Plötzlich spürte sie etwas Hartes unter sich, und sie hörte eine Stimme: »Du hast mich gerettet, nun will ich dich retten.« Es war Prinz Krebs, der die Prinzessin auf seinem Rücken ans Ufer brachte. Er bat sie, sie möge noch vierundzwanzig Stunden auf ihn warten, dann wollte er zurück sein und ihren Vater bitten, sie heiraten zu dürfen. Erschöpft ließ sich die Prinzessin von seinem Rücken gleiten, und ihre Dienerinnen zogen sie an Land. Als sie wieder bei Kräften war, verbot sie allen, auch nur ein Wort über das, was geschehen war, zu verlieren, und ließ sich heim ins Schloss bringen. Ihrem Vater, der fragte, wie es ihr auf der Klippe gefallen habe, sagte sie nur, sie wolle nicht mehr Geige spielen. Sie lief auf ihr Zimmer, stellte die Blume in eine Vase und wartete auf ihren Prinzen.

Es waren noch nicht vierundzwanzig Stunden vergangen, da fuhr der Königssohn in einer prächtigen Kutsche vor. Noch ehe er dem König seine Bitte vortragen konnte, kam die Prinzessin herangestürmt, rief übermütig: »Da bist du endlich, mein lieber Mann!«, und erklärte ihrem verdutzten Vater, sie werde heiraten. Da ließ der König die Hochzeit vorbereiten. Die Blume der Fee stand in der Vase und verblühte nicht, solange Prinz Krebs am Leben war.

ANNIE M. G. SCHMIDT

Schnippelchen

Es waren einmal ein König und eine Königin, die wollten so schrecklich gern ein Kind haben. Die Jahre gingen vorüber und sie bekamen immer noch keins, bis die Königin endlich sagte: »Ob ich einmal zu einer Hexe gehen sollte?«

»Das würde ich nie tun«, sagte der König. »Das gibt nur Unannehmlichkeiten.«

»Eine wohnt ganz in unserer Nähe«, sagte die Königin. »Du weißt doch, hinten im Garten in dem großen Birnbaum.«

»Wohnt wirklich eine Hexe in dem Birnbaum?«, rief der König erschrocken.

»Stell dich nicht dümmer, als du bist«, sagte die Königin. »Du hast doch selbst erlaubt, dass sie sich da eine Hütte hinbaut. Ganz oben auf einem dicken Ast. Du weißt doch . . . Akkeba heißt sie.«

»Ach, die«, sagte der König. »Die Person, die immer so schnell auf ihrem Besenstiel durch die Luft jagt. Und die willst du bitten, ob . . .«

Aber die Königin war schon fort. Sie ging in den Garten, stellte sich unter den Birnbaum und rief: »Akkeba!«

Ein wüster alter Hexenkopf lugte zwischen den Birnen hervor. »Wer ruft mich da?«, fragte der Hexenkopf.

»Ich bin's«, sagte die Königin. »Ich möchte so gern ein Kind haben.«

»Komm ein bisschen höher. Ich kann dich nicht verstehen!«, schrie die Hexe.

So kletterte die Königin in den Birnbaum hinauf bis dicht vor die Hütte, die zwischen den Ästen stand, und dort wiederholte sie ihre Bitte.

»So, so«, murmelte die Hexe. »Ein Kind – ei, ei – mal sehen, was sich tun lässt . . . Hier«, sagte sie dann und gab der Königin ein Ei. Ein kleines gesprenkeltes Ei.

»Was soll ich damit?«, fragte die Königin.
»Ausbrüten natürlich«, sagte die Hexe.
»Was denn sonst? Es ist ein Drosselei. Setz
dich drei Wochen drauf und brüte es aus.«
»Aber . . .«, sagte die Königin mit zitternder
Stimme, »wird es dann nicht ein Vogel?«
»Ganz und gar nicht«, sagte die He-
xe. »Es wird eine Prinzessin mit
allem Drum und Dran.«
»Und, eh – wo soll ich das
denn tun? Wo soll ich es
denn ausbrüten?«, fragte die Königin.
»In dem Baum nebenan«, sagte Akkeba, »in der alten Linde dort.«
»Ich will erst meinen Gemahl fragen«, sagte die Königin und kletterte mit dem
Ei hinunter.
»Vergiss nicht«, rief ihr die Hexe nach, »vergiss nicht, dass du deine Tochter im
Herbst immer im Haus behalten musst. Sonst fliegt sie mit den Zugvögeln da-
von.«
Die Königin bedankte sich bei der Hexe und ging in den Palast zurück. »Soll ich
es tun?«, fragte sie den König. »Eigentlich ist es mir ein bisschen zuwider. Und
dann – eine Königin, die auf einem Baum sitzt und brütet . . . Schickt sich
denn das?«
»Es schickt sich ganz und gar nicht«, sagte der König. »Ich lehne es ab!«
»Ich möchte aber gern«, sagte die Königin.
»Ja, wenn du mit aller Gewalt willst«, sagte der König. »Nimm wenigstens
drei Daunenkissen mit, damit du warm und weich sitzt. Und ich lass einen Bretterzaun um die Linde herumbauen, sonst sieht das ganze Königreich dich da sitzen, und das ist höchst überflüssig.«
Und so geschah es. Die Königin saß drei Wochen lang recht unbe-
quem in Spitzenröcken auf ihren Daunenkissen oben im Linden-
baum, aber zum Glück konnte niemand sie sehen, denn ein ele-
ganter Bretterzaun war um den Baum herumgebaut worden.
Nach drei Wochen platzte das Ei auf, und es kam wahrhaftig
kein Vogel heraus, sondern ein Kindchen. Ein niedliches klit-
zekleines Mädchen mit Haaren und Nägeln und einem Näschen,
ein ganz richtiges, süßes Prinzesschen.
»Wer hätte das gedacht«, brummte der König, als die Königin

mit dem Kind hereintrat. »So eine schmucke Tochter! Sie hat zwar drei schwarze Tüpfelchen auf dem Bauch, aber das schadet nichts, die kann man immer mit einem Kleid verdecken. Und jetzt wird ein Fest gefeiert!«

Es wurde ein prachtvolles Fest, alle Häuser hatten geflaggt, und die Hexe kam von ihrem Birnbaum heruntergestiegen, um die Prinzessin zu sehen. Sie kitzelte das Kind unterm Kinn und sagte zu der Königin: »Ist das nicht fabelhaft gelungen? Aber sei nur ja vorsichtig im Herbst. Nie, nie, nie nach draußen lassen, wenn die Blätter fallen.«

Darauf flog sie durch das offene Fenster hinaus – schnell wie ein Düsenjäger.

Die kleine Prinzessin hieß Gloriandarina, aber jedermann nannte sie Schnippelchen, das war einfacher. Sie wuchs ganz normal heran und sah in keiner Weise aus wie ein Vogel. Sie war brav und schön und immer vergnügt, außer im Herbst, denn da durfte sie nicht vor die Tür.

»Warte, bis der erste Schnee fällt«, sagte die Königin, »dann darfst du mit dem Schlitten in den Park. Nur noch ein bisschen Geduld – ein klein bisschen Geduld.«

Aber an einem jener stürmischen Herbsttage stand Schnippelchen am Fenster und langweilte sich. Draußen tanzten gelbe Blätter über den Rasen. Sie sanken immer wieder langsam ins Gras hinunter, bis der heftige Wind sie erneut aufjagte und ein tolles Spiel mit ihnen trieb und noch mehr welke Blätter von den Bäumen wehte.

»Ich will mit dem Wind und den Blättern spielen!«, rief Schnippelchen und machte das Fenster auf. Sie kletterte hinaus und rannte zwischen den Bäumen im Park hin und her. Und gerade in diesem Augenblick kam ein großer schwarzer Schwarm Vögel über den Park geflogen, Drosseln, die nach Süden zogen.

Schnippelchen streckte die Arme aus und fühlte ein unbändiges Verlangen, mit den Vögeln davonzufliegen. »Nehmt mich mit!«, rief sie.

Gleich nach ihr kam die Königin erschrocken in den Garten gestürzt. »Nicht, Schnippelchen, nicht!«, rief sie. »Komm sofort herein!«

Aber Schnippelchen hörte nicht. Sie schwang die Arme, stellte sich auf die Zehenspitzen und machte Flugbewegungen. Und die Königin sah, wie ihre Tochter Federn bekam und einen Schnabel und zwei Flügel statt der Arme.

»Mein Kind!«, schrie die Königin und rannte auf ihre Tochter zu. Doch Schnippelchen flog mit den anderen Vögeln davon. Sie war keine Prinzessin mehr, sie war eine Drossel.

Weinend ging die Königin zu ihrem Gemahl und erzählte ihm, was geschehen war.

»Wir müssen sofort zu dieser Hexe gehen«, sagte der König und ergriff seine Hermelinmütze.

»Soll ich nicht lieber allein gehen?«, fragte die Königin.

»Nein«, sagte der König. »Das erledige ich selbst!« Er trabte durch den Garten bis zu dem großen Birnbaum und rief: »Akkeba!«
Der Kopf der Hexe kam zum Vorschein.

»Wer will etwas von mir?«, fragte sie.

»Meine Tochter ist weggeflogen!«, rief der König.

»Komm herauf, ich versteh dich nicht!«, rief die Hexe.
Der König kletterte keuchend bis auf den höchsten Ast, auf dem die Hütte der Hexe stand.

»Meine Tochter ist weggeflogen«, sagte er.

»Selber schuld«, sagte die Hexe. »Hättet ihr sie nicht rausgelassen!«

»Ja, aber hör mal!«, sagte der König. »Wie sollen wir sie wiederbekommen?«

»Da müsst ihr warten, bis es Frühling wird«, sagte die Hexe.

»Nimm dich in Acht«, sagte der König ärgerlich. »Ich befehle dir, meine Tochter augenblicklich zurückzubringen. Wenn du es nicht tust, lasse ich dir den Kopf abschlagen.«

»Was?«, rief Akkeba mit schriller Stimme. »Du willst *mir* etwas befehlen? Mir? Der uralten Hexe Akkeba? Scher dich fort, oder ich verwandle dich in einen Wurm!«

89

»Du abscheuliches altes Weibsstück . . .«, fing der König an, kochend vor Zorn, aber die Hexe sagte leise und drohend: »Pass auf – in einen Wurm verwandle ich dich – in so einen, wie sie in den Birnen sitzen! Geh schnell fort – sonst . . .«
Sie starrte ihn mit wütenden roten Augen an und spuckte nach ihm.

Der arme König erschrak und bekam so eine Angst, dass er ins Rutschen geriet und mit einem schmerzhaften Plumps am Fuß des Baumes landete. Verstört kehrte er in den Palast zurück, wo die Königin auf ihn wartete und ihr Taschentuch an die Augen drückte.

»Und . . .?«, fragte sie.

»Warten, bis es Frühling wird«, sagte der König.

»Du hast es natürlich wieder falsch gemacht«, sagte die Königin. »Ich werde selbst gehen.«

Aber als die Königin beim Birnbaum ankam, flog Akkeba gerade auf ihrem Besenstiel davon. Unter schrillem Pfeifen jagte sie dreimal um den Park herum und verschwand. Sie kam nicht wieder.

Niemals hatte ein Winter so lange gedauert. Der König und die Königin saßen jeden Tag am Fenster und hielten Ausschau nach dem Frühling. Endlich, endlich war es März, und die Zugvögel kehrten aus dem Süden zurück.

»Wir wollen sie sehr gut behandeln«, sagte der König. »Alle Katzen werden verbannt. Jeder muss nett zu den Drosseln sein. Futter soll gestreut werden, Drosseln dürfen nicht gejagt werden, und jeder Mann in meinem Reich muss den Hut vor einer Drossel ziehen. Denn es könnte die Prinzessin sein.«

Noch nie waren die Drosseln so gut behandelt worden wie damals. Deshalb kamen auch immer mehr und mehr von ihnen ins Land geflogen, und sie waren gar nicht scheu, sondern saßen in großen Scharen in allen Gärten und sogar bei den Leuten in der Küche und sangen.

Die Königin streifte durch die Parks

und die Wälder und rief: »Schnippelchen!« Und zu jeder Drossel sagte sie: »Bist du vielleicht meine Tochter?«

Aber die Drosseln sangen alle nur ihr kleines Lied, und das war und blieb immer das gleiche, und es gab nichts, woran man hätte erkennen können, welche Drossel eine Prinzessin war.

Im Mai kam ein Prinz auf seinem weißen Zelter über die Grenze geritten. Er staunte, als er die Unmengen von Drosseln erblickte. Und als ihm gar ein Schneider entgegenkam, der vor einer Drossel tief den Hut zog, musste der Prinz laut auflachen.

»Wie komisch!«, rief er. »Ist das hier üblich?«

»Ja, gewiss«, sagte der Schneider. »Jede Drossel könnte unsere Prinzessin sein.« Und er erzählte die Geschichte von Schnippelchen und der Hexe Akkeba.

»Hat sie rote Augen, diese Hexe?«, fragte der Prinz.

»Und ob«, sagte der Schneider. »Und wirres Haar.«

»Und eine lange krumme Nase?«, fragte der Prinz. »Und reitet sie auf einem Besenstiel? Dann hab ich sie gesehen. Sie wohnt dicht an der Grenze, hoch oben in einem Apfelbaum. Ich werde persönlich zu ihr gehen.«

Als der Prinz bei dem Apfelbaum ankam, saß die Hexe daneben im Gras und aß einen riesigen Apfel.

»Birnen schmecken doch besser«, sagte sie. »Ich habe dich schon lange erwartet, mein Sohn. Du willst wissen, wie du die Drossel wieder in eine Prinzessin verwandeln kannst, nicht wahr?«

»Vor allem will ich wissen, welche Drossel es ist«, sagte der Prinz. »Anscheinend sind es Millionen.«

»Hast du Perlen bei dir?«, fragte die Hexe.

»Zufällig ja«, sagte der Prinz. »Einen ganzen Sack voll.«

»Hier hast du ein Netz«, sagte die Hexe. »Damit kannst du dein Schnippelchen fangen.«

»Aber welche von den Drosseln ist es?«, fragte der Prinz.

»Denk mal ein bisschen nach«, sagte die Hexe, »ich kann schließlich nicht alles für dich tun.«

Der Prinz dachte nach. Dann kaufte er bei einem Bauern einen Sack Gerste und ging auf den Hügel, auf dem sich die Drosseln jeden Abend in großer Zahl versammelten. Hier schüttete er den Sack Gerste auf den Boden. Ein Stück weiter leerte er den Sack Perlen aus. Dann setzte er sich hin und wartete. Alle Drosseln kamen angeflogen und drängten sich um die Gerste. Sie flatterten und stritten. Bis auf eine. Dieser eine Vogel ließ die Gerste liegen und stürzte auf die Perlen zu. Er setzte sich dicht daneben und hüpfte aufgeregt hin und her.

»Du bist Schnippelchen«, sagte der Prinz. »Nur eine Prinzessin kann mehr von Perlen besessen sein als von Futter.« Damit warf er das Hexennetz über sie. Und plötzlich stand ein wunderhübsches Mädchen vor ihm.

Er nahm sie vor sich auf sein Pferd, und sie ritten zusammen zum Palast, wo der König und die Königin anfingen zu weinen vor Freude.

»Wie hast du das bloß fertig gebracht?«, fragte die Königin.

»Ach, das war ganz einfach«, sagte der Prinz. »Wirklich nur eine Kleinigkeit.«

Bald wurde die Hochzeit gefeiert und zwölf Drosseln trugen der Braut die Schleppe. Die alte Hexe Akkeba wohnt wieder in ihrem Birnbaum und noch immer zieht man in jenem Land den Hut vor jeder Drossel. Falls einmal jemand dorthin kommt, kann er es selbst sehen und wird nun auch begreifen, warum das so ist.

BRÜDER GRIMM

Schneeweißchen
und Rosenrot

Eine arme Witwe, die lebte einsam in einem Hüttchen, und vor dem Hütt-chen war ein Garten, darin standen zwei Rosenbäumchen, davon trug das eine weiße, das andere rote Rosen: Und sie hatte zwei Kinder, die glichen den beiden Rosenbäumchen, und das eine hieß Schneeweißchen, das andere Ro-senrot. Sie waren aber so fromm und gut, so arbeitsam und unverdrossen, als je zwei Kinder auf der Welt gewesen sind: Schneeweißchen war nur stiller und sanfter als Rosenrot. Rosenrot sprang lieber in den Wiesen und Fel-dern umher, suchte Blumen und fing Sommervögel: Schneeweiß-chen aber saß daheim bei der Mutter, half ihr im Hauswesen oder las ihr vor, wenn nichts zu tun war. Die beiden Kinder hatten ei-nander so lieb, dass sie sich immer an den Händen fassten, sooft sie zusammen ausgingen. Und wenn Schneeweißchen sagte: »Wir wollen uns nicht verlassen«, so antwortete Rosenrot: »Solange wir leben, nicht«, und die Mutter setzte hinzu: »Was das eine hat, soll's mit dem andern teilen.« Oft lie-fen sie im Walde allein umher und sammelten rote Bee-ren, aber kein Tier tat ihnen etwas zu Leid, sondern sie kamen vertraulich herbei: Das Häschen fraß ein Kohl-blatt aus ihren Händen, das Reh graste an ihrer Seite, der Hirsch sprang ganz lustig vorbei, und die Vögel blie-ben auf den Ästen sitzen und sangen, was sie nur wuss-ten. Kein Unfall traf sie: Wenn sie sich im Walde verspätet hatten und die Nacht sie überfiel, so legten sie sich nebeneinander auf das Moos und schliefen, bis der Mor-gen kam, und die Mutter wusste das und hatte ihretwegen keine Sorge. Einmal, als sie im Walde übernachtet hatten und das Morgenrot sie aufweckte, da sahen sie ein schönes Kind in einem weißen glänzenden Kleidchen neben ihrem Lager sitzen. Es stand auf und blickte sie ganz freundlich an, sprach aber nichts und ging in den Wald hinein. Und als sie sich umsahen, so hatten sie ganz nahe bei einem Abgrunde geschlafen und wären gewiss hineingefallen, wenn sie in der Dunkelheit noch ein paar Schritte weiter gegangen wären. Die Mutter aber sagte ihnen, das müsste der Engel gewesen sein, der gute Kinder bewache.

Schneeweißchen und Rosenrot hielten das Hüttchen der Mutter so reinlich, dass es eine Freude war, hineinzuschauen. Im Sommer besorgte Rosenrot das Haus und stellte der Mutter jeden Morgen, ehe sie aufwachte, einen Blumenstrauß vors Bett, darin war von jedem Bäumchen eine Rose. Im Winter zündete Schneeweißchen das Feuer an und hing den Kessel an den Feuerhaken, und der Kessel war von Messing, glänzte aber wie Gold, so rein war er gescheuert. Abends, wenn die Flocken fielen, sagte die Mutter: »Geh, Schneeweißchen, und schieb den Riegel vor«, und dann setzten sie sich an den Herd, und die Mutter nahm die Brille und las aus einem großen Buche vor, und die beiden Mädchen hörten zu, saßen und spannen; neben ihnen lag ein Lämmchen auf dem Boden, und hinter ihnen auf einer Stange saß ein weißes Täubchen und hatte seinen Kopf unter den Flügel gesteckt.

Eines Abends, als sie so vertraulich beisammen saßen, klopfte jemand an die Türe, als wollte er eingelassen sein. Die Mutter sprach: »Geschwind, Rosenrot, mach auf, es wird ein Wanderer sein, der Obdach sucht.« Rosenrot ging und schob den Riegel weg und dachte, es wäre ein armer Mann, aber der war es nicht, es war ein Bär, der seinen dicken schwarzen Kopf zur Türe hereinstreckte. Rosenrot schrie laut und sprang zurück: Das Lämmchen blökte, das Täubchen flatterte auf, und Schneeweißchen versteckte sich hinter der Mutter Bett. Der Bär aber fing an zu sprechen und sagte: »Fürchtet euch nicht, ich tue euch nichts zu Leid, ich bin halb erfroren und will mich nur ein wenig bei euch wärmen.«

»Du armer Bär«, sprach die Mutter, »leg dich ans Feuer und gib nur Acht, dass dir dein Pelz nicht brennt.« Dann rief sie:

»Schneeweißchen, Rosenrot, kommt hervor, der Bär tut euch nichts, er meint's ehrlich.« Da kamen sie beide heran und nach und nach näherten sich auch das Lämmchen und Täubchen und hatten keine Furcht vor ihm. Der Bär sprach: »Ihr Kinder, klopft mir den Schnee ein wenig aus dem Pelzwerk«, und sie holten den Besen und kehrten dem Bär das Fell rein: Er aber streckte sich ans Feuer und brummte ganz vergnügt und behaglich. Nicht lange, so wurden sie ganz vertraut und trieben Mutwillen mit dem unbeholfenen Gast. Sie zausten ihm das Fell mit den Händen, setzten ihre Füßchen auf seinen Rücken und walgerten ihn hin und her oder sie nahmen eine Haselrute und schlugen auf ihn los, und wenn er brummte, so lachten sie. Der Bär ließ sich's aber gerne gefallen, nur wenn sie's gar zu arg machten, rief er: »Lasst mich am Leben, ihr Kinder:

Schneeweißchen, Rosenrot,
schlägst dir den Freier tot.«

Als Schlafenszeit war und die andern zu Bett gingen, sagte die Mutter zu dem Bär: »Du kannst in Gottes Namen da am Herde liegen bleiben, so bist du vor der Kälte und dem bösen Wetter geschützt.« Sobald der Tag graute, ließen ihn die beiden Kinder hinaus, und er trabte über den Schnee in den Wald hinein. Von nun an kam der Bär jeden Abend zu der bestimmten Stunde, legte sich an den Herd und erlaubte den Kindern, Kurzweil mit ihm zu treiben, so viel sie wollten; und sie waren so gewöhnt an ihn, dass die Türe nicht eher zugeriegelt ward, als bis der schwarze Gesell angelangt war.

Als das Frühjahr herangekommen und draußen alles grün war, sagte der Bär eines Morgens zu Schneeweißchen: »Nun muss ich fort und darf den ganzen Sommer nicht wieder kommen.«

»Wo gehst du denn hin, lieber Bär?«, fragte Schneeweißchen. »Ich muss in den Wald und meine Schätze vor den bösen Zwergen hüten: Im Winter, wenn die Erde hart gefroren ist, müssen sie wohl unten bleiben und können sich nicht durcharbeiten, aber jetzt, wenn die Sonne die Erde aufgetaut und erwärmt hat, da brechen sie durch, steigen herauf, suchen und stehlen; was einmal in ihren Händen ist und in ihren Höhlen liegt, das kommt so leicht nicht wieder an des Tages Licht.« Schneeweißchen war ganz traurig über den Abschied, und als es ihm die Türe aufriegelte und der Bär sich hinausdrängte, blieb er an dem Türhaken hängen und ein Stück seiner Haut riss auf, und da war es Schneeweißchen, als hätte es Gold durchschimmern gesehen: Aber es war seiner Sache nicht gewiss. Der Bär lief eilig fort und war bald hinter den Bäumen verschwunden.

Nach einiger Zeit schickte die Mutter die Kinder in den Wald, Reisig zu sammeln. Da fanden sie draußen einen großen Baum, der lag gefällt auf dem Boden, und an dem Stamme sprang zwischen dem Gras etwas auf und ab, sie konnten aber nicht unterscheiden, was es war. Als sie näher kamen, sahen sie einen Zwerg mit einem alten, verwelkten Gesicht und einem ellenlangen schneeweißen Bart. Das Ende des Bartes war in eine Spalte des Baums eingeklemmt, und der Kleine sprang hin und her wie ein Hündchen an einem Seil und wusste nicht, wie er sich helfen sollte. Er glotzte die Mädchen mit seinen roten feurigen Augen an und schrie: »Was steht ihr da! Könnt ihr nicht herbeigehen und mir Beistand leisten?«

»Was hast du angefangen, kleines Männchen?«, fragte Rosenrot. »Dumme neugierige Gans«, antwortete der Zwerg, »den Baum habe ich mir spalten wollen, um kleines Holz in der Küche zu haben; bei den dicken Klötzen verbrennt gleich das bisschen Speise, das unsereiner braucht, der nicht so viel hinunterschlingt als ihr grobes gieriges Volk. Ich hatte den Keil schon glücklich hineingetrieben, und es wäre alles nach Wunsch gegangen, aber das verwünschte Holz war zu glatt und sprang unversehens heraus, und der Baum fuhr so geschwind zusammen, dass ich meinen schönen weißen Bart nicht mehr herausziehen konnte;

nun steckt er drin, und ich kann nicht fort. Da lachen die albernen glatten Milchgesichter! Pfui, was seid ihr garstig!« Die Kinder gaben sich alle Mühe, aber sie konnten den Bart nicht herausziehen, er steckte zu fest. »Ich will laufen und Leute herbeiholen«, sagte Rosenrot. »Wahnsinnige Schafsköpfe«, schnarrte der Zwerg, »wer wird gleich Leute herbeirufen, ihr seid mir schon um zwei zu viel; fällt euch nichts Besseres ein?« »Sei nur nicht ungeduldig«, sagte Schneeweißchen, »ich will schon Rat schaffen«, holte sein Scherchen aus der Tasche und schnitt das Ende des Bartes ab. Sobald der Zwerg sich frei fühlte, griff er nach einem Sack, der zwischen den Wurzeln des Baums steckte und mit Gold gefüllt war, hob ihn heraus und brummte vor sich hin: »Ungehobeltes Volk, schneidet mir ein Stück von meinem stolzen Barte ab! Lohn's euch der Kuckuck!« Damit schwang er seinen Sack auf den Rücken und ging fort, ohne die Kinder nur noch einmal anzusehen.

Einige Zeit danach wollten Schneeweißchen und Rosenrot ein Gericht Fische angeln. Als sie nahe bei dem Bach waren, sahen sie, dass etwas wie eine große Heuschrecke nach dem Wasser zu hüpfte, als wollte es hineinspringen. Sie liefen heran und erkannten den Zwerg. »Wo willst du hin?«, sagte Rosenrot. »Du willst doch nicht ins Wasser?« »Solch ein Narr bin ich nicht«, schrie der Zwerg, »seht ihr nicht? Der verwünschte Fisch will mich hineinziehen!« Der Kleine hatte da gesessen und geangelt und unglücklicherweise hatte der Wind seinen Bart mit der Angelschnur verflochten: Als gleich darauf ein großer Fisch anbiss, fehlten dem schwachen Geschöpf die Kräfte, ihn herauszuziehen: Der Fisch behielt die Oberhand und riss den Zwerg zu sich hin. Zwar hielt er sich an allen Halmen und Binsen, aber das half nicht viel, er musste den Bewegungen des Fisches folgen und war in beständiger Gefahr, ins Wasser gezogen zu werden. Die Mädchen kamen zu rechter Zeit, hielten ihn fest und versuchten den Bart von der Schnur loszumachen, aber vergebens: Bart und Schnur waren fest ineinander verwirrt. Es blieb nichts übrig, als das Scherchen hervorzuholen und den Bart abzuschneiden, wobei ein kleiner Teil desselben verloren ging. Als der Zwerg das sah,

schrie er sie an: »Ist das Manier, ihr Lorche, einem das Gesicht zu schänden? Nicht genug, dass ihr mir den Bart unten abgestutzt habt, jetzt schneidet ihr mir den besten Teil davon ab: Ich darf mich vor den Meinigen gar nicht sehen lassen. Dass ihr laufen müsstet und die Schuhsohlen verloren hättet!« Dann holte er einen Sack Perlen, der im Schilfe lag, und, ohne ein Wort weiter zu sagen, schleppte er ihn fort und verschwand hinter einem Stein.

Es trug sich zu, dass bald hernach die Mutter die beiden Mädchen nach der Stadt schickte, Zwirn, Nadeln, Schnüre und Bänder einzukaufen. Der Weg führte sie über eine Heide, auf der hier und da mächtige Felsenstücke zerstreut lagen. Da sahen sie einen großen Vogel in der Luft schweben, der langsam über ihnen kreiste, sich immer tiefer herabsenkte und endlich nicht weit bei einem Felsen niederstieß. Gleich darauf hörten sie einen durchdringenden, jämmerlichen Schrei. Sie liefen herzu und sahen mit Schrecken, dass der Adler ihren alten Bekannten, den Zwerg, gepackt hatte und ihn forttragen wollte. Die mitleidigen Kinder hielten gleich das Männchen fest und zerrten sich so lange mit dem Adler herum, bis er seine Beute fahren ließ. Als der Zwerg sich von dem ersten Schrecken erholt hatte, schrie er mit seiner kreischenden Stimme: »Konntet ihr nicht säuberlicher mit mir umgehen? Gerissen habt ihr an meinem dünnen Röckchen, dass es überall zerfetzt und durchlöchert ist, unbeholfenes und täppisches Gesindel, das ihr seid!« Dann nahm er einen Sack mit Edelsteinen und schlüpfte wieder unter den Felsen in seine Höhle. Die Mädchen waren an seinen Undank schon gewöhnt, setzten ihren Weg fort und verrichteten ihr Geschäft in der Stadt. Als sie beim Heimweg wieder auf die Heide kamen, überraschten sie den Zwerg, der auf einem reinlichen Plätzchen seinen Sack mit Edelsteinen ausgeschüttet und nicht gedacht hatte, dass so spät noch jemand daherkommen würde. Die Abendsonne schien über die glänzenden Steine, sie schimmerten und leuchteten so prächtig in allen Farben, dass die Kinder stehen blieben und sie betrachteten. »Was steht ihr da und habt Maulaffen feil!«, schrie der Zwerg, und sein aschgraues Gesicht ward zinnoberrot vor Zorn. Er wollte mit seinen Scheltworten fortfahren, als sich ein lautes Brummen hören ließ und ein schwarzer Bär aus dem Walde herbeitrabte. Erschrocken sprang der Zwerg auf, aber er konnte nicht mehr zu seinem Schlupfwinkel gelangen, der Bär war schon in seiner Nähe. Da rief er in Herzensangst: »Lieber Herr Bär, verschont mich, ich will Euch alle meine Schätze geben, sehet, die schönen Edelsteine, die da liegen. Schenkt mir das Leben, was habt Ihr an mir kleinem, schmächtigem Kerl? Ihr spürt mich nicht zwischen den Zähnen: Da, die beiden gottlosen Mädchen packt, das sind für Euch zarte Bissen, fett wie junge Wachteln, die fresst in Gottes Namen.« Der Bär kümmerte sich um seine Worte nicht, gab dem boshaften Geschöpf einen einzigen Schlag mit der Tatze, und es regte sich nicht mehr.

Die Mädchen waren fortgesprungen, aber der Bär rief ihnen nach: »Schneeweißchen und Rosenrot, fürchtet euch nicht, wartet, ich will mit euch gehen.« Da erkannten sie seine Stimme und blieben stehen, und als der Bär bei ihnen war, fiel plötzlich die Bärenhaut ab, und er stand da als ein schöner Mann und war ganz in Gold gekleidet. »Ich bin eines Königs Sohn«, sprach er, »und war von dem gottlosen Zwerg, der mir meine Schätze gestohlen hatte, verwünscht, als ein wilder Bär in dem Walde zu laufen, bis ich durch seinen Tod erlöst würde. Jetzt hat er seine wohlverdiente Strafe empfangen.«

Schneeweißchen ward mit ihm vermählt und Rosenrot mit seinem Bruder, und sie teilten die großen Schätze miteinander, die der Zwerg in seiner Höhle zusammengetragen hatte. Die alte Mutter lebte noch lange Jahre ruhig und glücklich bei ihren Kindern. Die zwei Rosenbäumchen aber nahm sie mit, und sie standen vor ihrem Fenster und trugen jedes Jahr die schönsten Rosen, weiß und rot.

HANS CHRISTIAN ANDERSEN

Der Flachs

Der Flachs stand in Blüte. Er hatte so schöne blaue Blüten, so weich wie die Flügel einer Motte und noch viel feiner. – Die Sonne beschien den Flachs und die Regenwolken begossen ihn und das tat ihm ebenso gut, wie es kleinen Kindern gut tut, gewaschen zu werden und dann von der Mutter einen Kuss zu bekommen; sie werden ja davon viel schöner. Und das wurde der Flachs auch.

»Die Leute sagen, ich stehe ganz ausgezeichnet«, sagte der Flachs, »und ich werde so schön hoch, aus mir wird ein prachtvolles Stück Leinen werden! Nein, wie bin ich glücklich! Ich bin bestimmt der Allerglücklichste von allen! Mir geht es so gut und aus mir wird etwas! Wie der Sonnenschein mich aufheitert und wie der Regen schmeckt und erfrischt! Ich bin unbeschreiblich glücklich, ich bin der Allerglücklichste!«

»Jaja!«, sagten die Zaunlatten, »du kennst die Welt nicht, aber das tun wir, wir stecken voller Knorren!«, und dann ächzten sie ganz jämmerlich:

>»Schnipp schnapp schnurre,
>Basselurre!
>Das Lied ist aus!«

»Nein, das ist es nicht!«, sagte der Flachs, »morgen scheint die Sonne, der Regen tut so gut, ich kann hören, wie ich wachse, ich kann fühlen, ich setze Blüten an! Ich bin der Allerglücklichste!«

Aber eines Tages kamen Leute und fassten den Flachs beim Schopf und zerrten ihn mit der Wurzel heraus, das tat weh; und er wurde ins Wasser gelegt, als ob man ihn ertränken wollte, und dann kam er über Feuer, als ob man ihn braten wollte, und das war gräulich.

»Es kann einem nicht immer gut gehen!«, sagte der Flachs, »man muss Prüfungen durchmachen, dann weiß man etwas!«

Aber es wurde wahrlich schlimm. Der Flachs wurde geschlagen und gebrochen, geschwungen und gehechelt, ja, was wusste er schon, wie das hieß; er kam auf den Rocken, schnurr-rurr! Es war nicht möglich, die Gedanken beisammenzuhalten.

»Ich bin außerordentlich glücklich gewesen!«, dachte er in all seiner Pein. »Man muss sich über das Gute freuen, das man genossen hat! Freuen, freuen, oh!«, und das sagte er noch, als er auf den Webstuhl kam – und dann wurde ein herrlich großes Stück Leinen aus ihm. Der ganze Flachs, jede einzelne Pflanze, wurde zu diesem einen Stück!

»Ja, aber das ist ja unvergleichlich! Das hätte ich nie gedacht! Nein, was für ein Glück ich habe! Oh ja, die Zaunlatten, die wussten wirklich gut Bescheid mit ihrem

> ›Schnipp, schnapp schnurre,
> Basselurre!‹

Das Lied ist gar nicht aus! Jetzt fängt es gerade an! Es ist unvergleichlich! Ja, habe ich etwas erdulden müssen, so bin ich jetzt dafür auch etwas geworden; ich bin der Glücklichste von allen! – Ich bin so stark und so weich, so weiß und so lang! Das ist was anderes, als nur Pflanze zu sein, und wenn man auch Blüten hat! Man wird nicht gepflegt und Wasser bekommt man nur, wenn es regnet. Jetzt werde ich bedient! Die Magd kehrt mich jeden Morgen um, und mit der Wasserkanne bekomme ich jeden Abend ein Regenbad; ja, die Pfarrersfrau hat selber eine Rede auf mich gehalten und gesagt, ich wäre das beste Stück im Kirchspiel. Glücklicher kann ich nicht werden!«

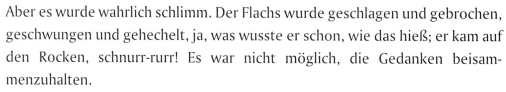

Nun kam das Leinen ins Haus, nun kam es unter die Schere. Wie man schnitt, wie man schnippelte, wie man mit Nähnadeln stach, denn das tat man! Das war kein Vergnügen. Aber das Leinen wurde zu zwölf Stücken Wäsche, von der Art, über die man nicht spricht, die aber alle Menschen haben müssen; es wurden zwölf Stück daraus.

»Nein, sieh mal an, jetzt bin ich erst etwas geworden! Soso, das also war meine Bestimmung! Ja, aber das ist ja ein Segen! Nun stifte ich Nutzen in der Welt und darauf kommt es an, das ist die wahre Freude. Wir sind zwölf Stück geworden, aber wir sind dennoch alle ein und dasselbe, wir sind ein Dutzend! Welch ein unbeschreibliches Glück!«

Und Jahre vergingen – und länger hielten sie dann nicht.

»Einmal muss es ja vorbei sein!«, sagte jedes Stück, »ich hätte ja gern noch ein bisschen länger gehalten, aber man darf nichts Unmögliches verlangen!« Und dann wurden sie in lauter Fetzen gerissen, sie meinten, es sei ganz und gar aus, denn sie wurden zerhackt und zerquetscht und gekocht, ja, sie wussten selber nicht was – und dann wurden sie zu herrlich feinem, weißem Papier!

»Nein, das ist eine Überraschung! Und eine freudige Überraschung!«, sagte das Papier; »nun bin ich feiner als früher, und nun wird auf mir geschrieben werden! Was kann da nicht alles geschrieben werden! Es ist doch ein unbeschreibliches Glück!« Und es wurden die allerschönsten Geschichten darauf geschrieben, und die Leute hörten, was da stand, und das war so richtig und gut, das machte die Menschen viel klüger und besser; es war ein großer Segen, der in Worten diesem Papier vergönnt wurde.

»Das ist mehr, als ich mir je träumen ließ, da ich eine kleine blaue Blume auf dem Felde war! Wie hätte ich mir vorstellen können, dass ich dermaleinst Freude und Kenntnisse unter die Menschen tragen würde. Ich kann es selber noch nicht begreifen! Aber das ist nun einmal wirklich so! Der Herrgott weiß, dass ich selber gar nichts getan habe als das, was ich nach meinem geringen Vermögen tun musste, um zu leben! Und dann bringt er mich in dieser Weise vorwärts, von einer Freude zur anderen, von einer Ehre zur anderen; jedes Mal, wenn ich denke: ›Das Lied ist aus!‹, dann kommt noch etwas viel Höheres und Besseres; jetzt gehe ich sicher auf die Reise, werde um die ganze Welt geschickt, damit alle Menschen mich lesen können! Das ist ganz selbstverständlich! Früher hatte ich blaue Blüten, jetzt habe ich für jede Blüte die schönsten Gedanken! Ich bin der Allerglücklichste!«

Aber das Papier kam nicht auf die Reise, es kam zum Buchdrucker, und dort wurde alles, was darauf geschrieben stand, gedruckt und zu einem Buch, ja zu vielen hundert Büchern, denn dadurch konnten unendlich viel mehr Leute Nutzen und Freude davon haben, als wenn das eine Stück Papier, auf dem das Geschriebene stand, um die Welt gewandert und auf halbem Wege zerlesen worden wäre.

»Ja, das ist auch das Allervernünftigste!«, dachte das beschriebene Papier. »Das ist mir gar nicht eingefallen! Ich bleibe zu Hause und werde in Ehren gehalten genau wie ein alter Großvater! Ich bin es, auf das geschrieben worden ist, die Worte flossen von der Feder gleich in mich hinein. Ich bleibe, und die Bücher wandern weit herum! Nun kann doch wirklich etwas getan werden! Nein, wie bin ich froh, wie bin ich glücklich!«

Dann wurde das Papier zu einem Bündel zusammengeschnürt und auf das Wandbrett gelegt. »Es tut einem gut, wenn man sich auf seinen Taten ausruhen kann!«, sagte das Papier. »Es ist sehr richtig, dass man sich sammelt und zum Nachdenken kommt über das, was einem innewohnt. Jetzt erst weiß ich so richtig, was in mir drinsteht! Und sich selber zu erkennen, das ist der eigentliche Fortschritt. Was jetzt wohl kommen mag? Ein Fortschritt wird es sein, es geht immer vorwärts!«

Eines Tages wurde alles Papier auf die Esse gelegt, es sollte verbrannt werden, denn es durfte nicht an den Krämer verkauft werden, damit dieser etwa Butter und Puderzucker darin einwickelte. Und alle Kinder aus dem Haus standen im Kreis herum, sie wollten sehen, wie es aufflammte, sie wollten in der Asche die vielen roten Feuerfunken sehen, die gleichsam fortlaufen und erlöschen, einer nach dem anderen, so geschwind – es sind die Kinder, die aus der Schule kommen, und der allerletzte Funke ist der Lehrer; oft meint man, er wäre gegangen, aber dann kommt er noch etwas später als die anderen.

Und das ganze Papier lag in einem Bündel auf dem Feuer. Uh! wie es aufloderte. »Uh!«, sagte es und in diesem Augenblick entstand eine große Flamme; sie reichte so hoch in die Luft, wie der Flachs nie seine kleine blaue Blüte hätte emporstrecken können, und leuchtete so, wie das weiße Leinen nie hätte leuchten können; die geschriebenen Buchstaben wurden einen Augenblick lang ganz rot, und alle Worte und Gedanken gingen in Flammen auf.

»Nun gehe ich bis zur Sonne hinauf!«, sagte es drinnen in der Flamme, und es war, als sagten tausend Stimmen es wie eine einzige, und die Flamme schlug ganz oben aus dem Schornstein hinaus; und feiner als die Flamme, dem menschlichen Auge ganz unsichtbar, entschwebten winzig kleine Wesen, ebenso viele wie Blüten am Flachs gewesen waren. Sie waren noch leichter als die Flamme, die sie geboren hatte, und als diese erlosch und von dem Papier nur die schwarze Asche übrig war, tänzelten sie noch einmal darüber hin, und wo sie die Asche berührten, sah man ihre Fußspuren, es waren die roten Funken: Die Kinder kamen aus der Schule, und der Lehrer war der Letzte! Es war ein Spaß, dem zuzuschauen, und die Kinder des Hauses standen vor der toten Asche und sangen:

»Schnipp, schnapp schnurre,
Basselurre!
Das Lied ist aus!«

Aber die unsichtbaren kleinen Wesen sagten jedes für sich: »Das Lied ist niemals aus! Das ist das Schönste an dem Ganzen! Ich weiß es und darum bin ich der Allerglücklichste!«

»Aber das konnten die Kinder weder hören noch verstehen, und das sollen sie auch nicht, denn Kinder dürfen nicht alles wissen.

A. A. MILNE

Prinz Karnickel

Es war einmal ein König, der hatte keine Kinder. Manchmal sagte er zu seiner Königin: »Wenn wir nur einen Sohn hätten!«, und die Königin antwortete stets: »Ja, ja, wenn wir nur einen Sohn hätten!« Oder der König sagte: »Wenn wir nur eine Tochter hätten!«, und die Königin seufzte und entgegnete: »Ach ja, wenn wir wenigstens eine Tochter hätten!« Aber sie hatten überhaupt keine Kinder.

Die Jahre verstrichen, im königlichen Palast gab es noch immer keine Kinder, und das Volk überlegte sich allmählich, wer wohl der nächste König sein würde. Manche Leute meinten, vielleicht der Kanzler, und fanden das schade, denn kein Mensch konnte den Kanzler besonders gut leiden. Andere Leute sagten, es gäbe dann überhaupt keinen König mehr und alle Menschen seien gleich. Das fanden die Armen einfach großartig, aber andere, die Besitz und Amt und Würden hatten, fanden das nicht ganz so herrlich und meinten, das bringe nicht nur Vorteile, sondern auch Nachteile. Sie hofften deshalb weiter darauf, dass im Palast ein Prinz geboren würde. Leider hofften sie vergeblich.

Eines Tages beschloss der Kanzler, mit dem König über die Sorgen seiner Untertanen zu sprechen.

»Euer Majestät«, begann er und brach gleich wieder ab, weil er nicht wusste, wie er es am besten sagen sollte.

»Nun?«, fragte der König.

»Erlauben Euer Majestät mir, ganz offen zu sprechen?«

»Vorläufig ja«, sagte der König.

Das ermutigte den Kanzler, und er nahm sich vor, ohne Umschweife sofort zur Sache zu kommen.

»Bei Euer Majestät Tod . . .« Er räusperte sich und fing noch einmal an. »Falls Euer Majestät jemals sterben sollten . . . was sicher erst nach vielen Jahren geschieht, wenn überhaupt jemals . . . wie Eurer Majestät treue Untertanen sehr hoffen . . . ich meine natürlich, sie hoffen, Euer Majestät leben noch lange . . . Aber nehmen wir einmal an, Euer Majestät würden betrüblicherweise doch . . .«

»Ihr wolltet ganz offen mit mir sprechen«, unterbrach der König. »Ist das hier Eure offene Meinung?«

»Ja, Euer Majestät.«

»Dann gefällt sie mir nicht.«

»Vielen Dank, Euer Majestät.«

»Ihr wolltet fragen: Wer wird der nächste König?«

»Ganz richtig, Euer Majestät.«

»Aha.« Der König schwieg einen Augenblick. Dann sagte er: »Ich kann Euch genau sagen, wer *nicht* König wird.«

Das konnte sich der Kanzler auch schon selbst denken, und deshalb fragte er nicht weiter.

»Was schlagt Ihr vor?«, fragte der König.

»Ich würde vorschlagen, dass Euer Majestät einen Nachfolger unter den jungen, hochgeborenen Edlen des Landes auswählen und ihn einer Prüfung unterziehen«, antwortete der Kanzler.

Der König strich sich den Bart und runzelte die Stirn.

»Die Bewerber müssen nicht nur eine Prüfung bestehen, sondern viele. Lasst im ganzen Land bekannt geben, dass jeder an dieser Prüfung teilnehmen kann, der von edler Herkunft und noch nicht zwanzig Jahre alt ist.«

Der König gab mit der Hand ein Zeichen, dass die Audienz beendet sei, und der Kanzler zog sich rückwärts gehend zu-

rück. Er hatte sehr viel Übung darin und rempelte deshalb kein einziges Mal irgendwo an.

Gleich am nächsten Morgen verkündeten Ausrufer überall, jeder, der den Ehrgeiz habe, zum Nachfolger des Königs ernannt zu werden, und noch nicht zwanzig Jahre alt und von edler Herkunft sei, solle sich heute in einer Woche zu den Prüfungen einfinden, die Seine Majestät der König ihnen auferlegen werde.

Die erste Prüfung bestand in einem Wettrennen. Darüber freute sich das Volk, denn es wollte von jemand regiert werden, den es bewundern konnte, und Wettrennen waren ein sehr beliebter Sport in dem Land.

Am festgesetzten Tag herrschte große Aufregung. Riesige Menschenmengen versammelten sich rechts und links der Rennstrecke, die rund um den Palast herumführte. Am Ziel saßen der König und die Königin höchstpersönlich auf einer Ehrentribüne unter einem Baldachin. Vor dem Rennen wurden die Kandidaten zu dieser Tribüne geführt und Ihren Majestäten vorgestellt. Neun junge Edelleute hatten sich gemeldet, lauter kräftige, gut aussehende und – so hoffte man wenigstens – intelligente Burschen.

Außerdem hatte sich auch noch ein Karnickel eingefunden.

Der Kanzler bemerkte das Karnickel zum ersten Mal, als er die Kandidaten in Reih und Glied aufstellte und ihnen Nummern auf den Rücken heftete, damit das Volk sie auseinander halten konnte.

»Kandidaten hier entlang. Verschwinde, du da«, sagte der Kanzler und wollte das Karnickel mit einem Fußtritt verscheuchen.

»Ich bin Kandidat«, antwortete das Karnickel und fügte würdevoll hinzu: »Soviel ich weiß, ist es nicht üblich, dass ein Starter einem Läufer vor Beginn eines wichtigen Rennens einen Tritt gibt. Das sieht aus, als würde ein anderer Läufer bevorzugt.«

»Du kannst kein Kandidat sein«, lachten all die jungen Edelleute.

»Warum nicht? Lest einmal die Bedingungen nach«, antwortete das Karnickel.

Dem Kanzler wurde plötzlich ungemütlich warm und er las die Bedingungen nach. Das Karnickel war noch keine zwanzig Jahre alt. Es besaß einen Stammbaum, der seine edle Abkunft bestätigte. Und . . .

108

»Und ich habe den Ehrgeiz, zum Nachfolger des Königs ernannt zu werden. Das

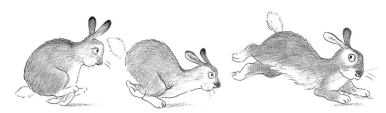

sind die einzigen Bedingungen. Also können wir jetzt um die Wette laufen«,
sagte das Karnickel.

Doch zuerst kam die Vorstellung beim König. Einer nach dem anderen traten
die Kandidaten vor, und dann, ganz zum Schluss, als allerletzter . . .

»Das ist Karnickel«, sagte der Kanzler so gleichgültig wie nur möglich. Karnickel
verbeugte sich höflich vor der Königin und dem König. Der König starrte ihn an
und wandte sich dann an den Kanzler.

»Was soll das heißen?«

»Für seine Teilnahme scheinen ebenfalls alle Voraussetzungen gegeben zu sein,
Euer Majestät«, antwortete der Kanzler und wand sich.

»Er meint, es ist ganz in Ordnung, wenn ich mitlaufe, Euer Majestät«, erklärte
das Karnickel.

Plötzlich lachte der König. »Na schön, lauf mit«, sagte er. »Hinterher können wir
ja immer noch ein Rennen veranstalten, um einen neuen Kanzler zu finden.«

Das Startzeichen ertönte, und das Wettrennen begann. Der junge Lord Quecksilber erhielt sehr viel Beifall, als er als Zweiter durchs Ziel ging. Nicht nur Ihre Majestäten klatschten laut, sondern auch Karnickel, der das Rennen schon seit einer guten Weile beendet hatte und sich nun unter dem königlichen Baldachin ausruhte.

»Eine ausgezeichnete Lauftechnik, Euer Majestät«, bemerkte Karnickel. »Er
scheint alles in allem ein recht viel versprechender junger Mann zu sein.«

»So viel versprechend, dass ich die restlichen Bewerber nicht weiter belästigen
will«, antwortete der König grimmig. »An der nächsten Prüfung nehmt nur ihr
beide teil.«

»Bitte nicht noch einen Wettlauf, Euer Majestät«, bat Karnickel. »Das wäre nicht
sehr fair Seiner Lordschaft gegenüber.«

»Nein, keinen Wettlauf, sondern einen Wettkampf.«

»Was für einen Kampf, Euer Majestät?«

»Mit Schwertern.«

»Ich bin ein bisschen aus der Übung mit Schwertern, aber in ein, zwei Tagen . . .«

»Ihr kämpft jetzt, sofort«, sagte der König.

»Euer Majestät meinen, sobald sich Lord Quecksilber von dem Rennen erholt
hat?«

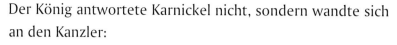

Der König antwortete Karnickel nicht, sondern wandte sich an den Kanzler:

»Sagt dem jungen Lord Quecksilber, dass er in einer halben Stunde mit diesem Karnickel . . .«

»Mit dem jungen Lord Karnickel«, murmelte Karnickel dem Kanzler zu.

». . . um mein Königreich kämpfen muss«, schloss der König.

»Und würden Sie mir bitte ein Schwert leihen?«, fügte Karnickel hinzu. »Nur ein ganz kleines. Ich möchte Lord Quecksilber nicht wehtun.«

Eine halbe Stunde später wurde der Kampf auf dem Rasen vor der Ehrentribüne ausgetragen. Er war kurz, aber aufregend. Lord Quecksilber wirbelte sein langes Schwert und stürzte sich auf Karnickel. Karnickel hielt sein kurzes Schwert mit den Zähnen fest, hoppelte Quecksilber zwischen die Beine und brachte ihn zu Fall. Der junge Lord brach sich den rechten Arm, aber er packte das Schwert mit der Linken und ging mit dem größten Mut wieder auf Karnickel los. Das Volk schrie Hurra. Karnickel legte sein Schwert einen Augenblick ab und schrie ebenfalls Hurra. Dann nahm er es eiligst wieder zwischen die Zähne und geriet seinem Gegner noch einmal zwischen die Beine. Lord Quecksilber stürzte wieder, und diesmal verrenkte er sich den Fußknöchel und kam nicht wieder hoch. Da lag er nun.

Karnickel hüpfte auf die Ehrentribüne und ließ sein Schwert dem Kanzler auf den Schoß fallen.

»Besten Dank«, sagte Karnickel. »Habe ich jetzt gewonnen?«

Der König runzelte die Stirn und strich sich den Bart.

»Ihr müsst noch andere Prüfungen bestehen«, murmelte er.

Aber welche Prüfungen? Der junge Lord Quecksilber war nicht mehr in der richtigen Verfassung für weitere Kraftproben. Wie wäre es dann mit einer Intelligenzprüfung?

»Verstand zu haben ist eine Eigenschaft, die recht nützlich für einen Herrscher sein kann«, bemerkte der König am Abend zur Königin.

»Wirklich?«, sagte die Königin zweifelnd.

»Das habe ich selbst festgestellt«, antwortete der König ein wenig herablassend.

»Ach so«, sagte die Königin.

»Ich habe von meinem Vater ein Rätsel gelernt, dessen Lösung nur die Mitglieder der königlichen Familie wissen dürfen. Das gebe ich den beiden als letzte Prüfung auf.«

»Wie heißt das Rätsel?«, fragte die Königin.

Der König überlegte einen Augenblick. Dann sagte er das Rätsel auf und klopfte dabei im Takt mit der Hand auf den Tisch:

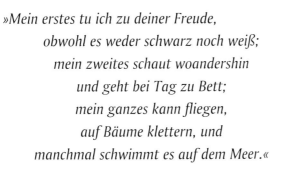

»Mein erstes tu ich zu deiner Freude,
obwohl es weder schwarz noch weiß;
mein zweites schaut woandershin
und geht bei Tag zu Bett;
mein ganzes kann fliegen,
auf Bäume klettern, und
manchmal schwimmt es auf dem Meer.«

»Wie lautet die Lösung?«, fragte die Königin.

»›Feldmaus‹ oder ›Himbeere‹, wenn ich mich recht erinnere«, sagte der König.

»›Feldmaus‹ ergibt überhaupt keinen Sinn«, wandte die Königin ein.

»›Himbeere‹ auch nicht«, fügte der König hinzu.

»Wie können die beiden das dann erraten?«

»Sie können es nicht erraten. Man muss dem jungen Quecksilber die richtige Antwort vorher heimlich verraten, damit er die Prüfung gewinnt.«

»Ist das fair?«, fragte die Königin zweifelnd.

»Natürlich, nachdem ich es doch so will«, sagte der König.

Der Kanzler gab also bekannt, dass die beiden Kandidaten als letzte Prüfung ein Rätsel lösen müssten, dessen Geheimnis bis jetzt nur Leute mit königlichem Blut kannten. Beide Kandidaten erhielten Abschriften des Rätsels und sollten ihre Antwort dem König eine Woche später vor dem ganzen Hofstaat geben.

Lord Quecksilber fand bei seiner Abschrift eine Botschaft:

Die richtige Antwort lautet:
Feldmaus
Verbrenne diesen Zettel!
Ein Freund

Am festgesetzten Tag wurden Lord Quecksilber und Karnickel in den Audienz-saal geführt. Sie verbeugten sich vor der Königin und dem König und durften Platz nehmen, denn Lord Quecksilbers Knöchel schmerzte noch immer. Der Kanzler befahl Ruhe, und der König erklärte allen Anwesenden die Bedingungen dieser Prüfung.

»Die Lösung des Rätsels steht auf diesem versiegelten Pergament, das ich nun meinem Kanzler übergebe; damit er es öffnet, sobald die Kandidaten ihre Antwort abgegeben haben«, sagte der König.

Da das Volk nicht wusste, was es sonst tun sollte, klatschte es leicht Beifall.

»Ich frage zuerst Lord Quecksilber«, fuhr Seine Majestät fort. Er schaute Seine Lordschaft an, und Seine Lordschaft nickte kaum merklich. Karnickel sah das Nicken aber doch und lächelte vor sich hin.

»Lord Quecksilber, wie lautet Eurer Meinung nach die Lösung dieses Rät-sels?«

Der junge Lord Quecksilber bemühte sich, recht weise dreinzuschauen, und sagte:

»Auf dieses Rätsel gibt es alle mögli-chen Antworten, aber die beste Ant-wort ist meiner Ansicht nach ›Feld-maus‹.«

»Diese Antwort soll aufgeschrieben wer-den«, befahl der König. Daraufhin notierte der Königliche Hofschreiber: »Lord Queck-silber – ›Feldmaus‹.«

Dann wandte sich der König an Karnickel:
»Und was habt Ihr dazu zu sagen?«

Karnickel hatte die Woche damit ver-bracht, Antworten zu finden, und eine war noch ausgefallener als die andere. Nun senkte er bescheiden den Blick.

»Also?«, drängte der König.

»Euer Majestät«, begann Karnickel zögernd, »ich habe großen Respekt vor der Intelligenz des junger Lord Quecksilber, aber ich fürchte, in dieser Angelegenheit hat er sich geirrt. Die Lösung lautet nicht ›Bettlaus‹, sondern ›Feldmaus‹.«

»Ich habe ›Feldmaus‹ gesagt«, rief Quecksilber entrüstet.

»Ich habe ›Bettlaus‹ verstanden«, sagte Karnickel überrascht.

»Er hat ›Feldmaus‹ gesagt«, erklärte der König streng.

»Es hörte sich genau wie ›Bettlaus‹ an«, sagte Karnickel.

»Lord Quecksilber – ›Feldmaus‹«, las der Königliche Hofschreiber vor.

»Da habt Ihr's! Ich habe ganz bestimmt ›Feldmaus‹ gesagt«, nickte Lord Quecksilber.

»Ich bitte um Entschuldigung«, sagte Karnickel und verbeugte sich. »In diesem Fall haben wir beide Recht, denn ›Feldmaus‹ ist die richtige Lösung.«

Der Kanzler brach das Siegel auf, rollte das Pergament auseinander und las zur Verblüffung der ganzen Versammlung laut vor: »Feldmaus!«

Dann fügte er hinzu: »Beide haben die richtige Antwort gefunden, Euer Majestät.«

Der König runzelte die Stirn. Er hatte das Gefühl, er sei hereingelegt worden; er wusste bloß nicht, wie.

»Darf ich Euer Majestät vorschlagen, den beiden Kandidaten noch einige andere Fragen zu stellen, die sie nach ein paar Minuten Nachdenken gleich hier beantworten müssen?«, fuhr der Kanzler fort. »Zum Beispiel eine Aufgabe aus der höheren Mathematik. Für einen zukünftigen König wäre es sicher nützlich, so etwas zu wissen.«

»Was denn?«, fragte Seine Majestät etwas nervös.

»Nun, zum Beispiel . . . wie viel ist sieben mal sechs?« Der Kanzler hielt die Hand vor den Mund und flüsterte dem König zu: »Zweiundvierzig.«

Der König verzog keine Miene, aber er sah den jungen Lord Quecksilber sehr nachdenklich an. Angenommen, Seine Lordschaft wusste es nicht?

»Nun?«, sagte der König nach einer Weile widerstrebend. »Wie viel ist sieben mal sechs?«

Der junge Lord Quecksilber dachte nach und antwortete dann: »Vierundfünfzig.«

»Und du?«, sagte der König zu Karnickel.

Karnickel überlegte, was er sagen sollte. Solange er die gleichen Antworten gab

wie Quecksilber, konnte er bei dem Wettstreit nicht verlieren. Natürlich waren sieben mal sechs zweiundvierzig, aber der König entschied vielleicht, dass »vierundfünfzig« sich besser als Antwort für den zukünftigen Herrscher des Landes schickte. Schließlich konnte der König tun und treiben, was er wollte; er brauchte sich nicht einmal an die Mathematikregeln zu halten. Obendrein wollte er, dass Lord Quecksilber den Wettstreit gewann. Konnte Karnickel es also wagen, einfach »zweiundvierzig« zu sagen?

»Euer Majestät, so unwahrscheinlich es auch erscheinen mag, so ist es doch möglich, auf diese tiefsinnige Frage verschiedene Antworten zu geben. Auf den ersten Blick scheint ›zweiundvierzig‹ die einzig richtige Lösung zu sein. Dagegen kann man jedoch einen Einwand vorbringen: Dieser Lösung fehlt es an Originalität. Ich bin schon lange der Ansicht, dass solch ein fortschrittliches Land wie unseres sehr wohl ganz neue Wege in der höheren Mathematik beschreiten könnte. Man könnte sich durchaus darauf einigen, dass sieben mal sechs in Zukunft vierundfünfzig ist, wie Lord Quecksilber soeben vorschlug. Wenn Euer Majestät jedoch die alte konservative Art des Rechnens vorziehen, dann würden Euer Majestät und Eurer Majestät Kanzler ›zweiundvierzig‹ als richtige Antwort bestimmen.«

Nach dieser diplomatischen Rede verbeugte sich Karnickel höflich vor den Majestäten und auch vor seinem Gegner und setzte sich wieder.

Der König kratzte sich nachdenklich hinterm Ohr. Dann sagte er: »Die richtige Antwort ist von jetzt an ›vierundfünfzig‹.«

»Notiert das«, flüsterte der Kanzler dem Königlichen Hofschreiber zu.

»Lord Quecksilber hat das gleich beim ersten Versuch erraten, Karnickel erst beim zweiten. Ich erkläre deshalb Lord Quecksilber zum Sieger.«

»Pfui!«, sagte Karnickel.

»Wer war das?«, schrie der König wütend. Karnickel drehte sich um und schaute sich suchend nach dem Sündenbock um, aber er fand ihn auch nicht.

»Damit bei meinem Volk kein Zweifel besteht, dass dieser Wettstreit völlig gerecht durchgeführt wird, will ich die beiden Kandidaten noch einer weiteren Prüfung unterwerfen. Ein König muss oft Reden an sein Volk halten, und deshalb ist es wichtig, dass er lange aufrecht auf zwei Beinen stehen kann. Die nächste Prüfung besteht also darin . . .«

An dieser Stelle räusperte sich Lord Quecksilber so laut, dass sich der König unterbrechen musste.

»Die nächste Prüfung findet in einem Monat statt, sobald der Knöchel Seiner Lordschaft geheilt ist«, fuhr der König fort. »Und die Prüfung wird darin bestehen, festzustellen, wer am längsten auf zwei Beinen stehen kann.«

Karnickel hoppelte nach Hause in seinen Wald und dachte angestrengt nach.

In diesem Wald lebte auch ein Zauberer, ein Mann mit vielen geheimnisvollen Talenten. Er konnte bunte Bänder aus seinem Mund ziehen, in seinem spitzen Hut Schokoladepudding kochen und aus einer einzigen kleinen Tüte zehn zusammengeknotete seidene Taschentücher hervorholen. Karnickel aß seinen Abendbrot-Salat und stattete dann dem Zauberer einen Besuch ab.

»Könnt Ihr ein Kaninchen in einen Menschen verwandeln?«, fragte Karnickel.

»Ich kann einen Pudding in ein Kaninchen verwandeln«, antwortete der Zauberer.

»Um ganz offen zu sein: Das würde mir leider gar nichts nützen«, sagte Karnickel.

»Ich kann beinahe alles in ein Kaninchen verwandeln«, sagte der Zauberer mit wachsender Begeisterung. »Das ist mein Lieblingstrick.«

Da hatte Karnickel eine Idee. »Könnt Ihr einen Mann in ein Kaninchen verwandeln?«

»Das habe ich auch schon einmal gemacht. Ich habe ein Menschenbaby in ein Kaninchenbaby verwandelt.«

»Wann war das?«

»Vor achtzehn Jahren, an König Nikodemus' Hof. Ich habe ihm und seiner Königin Zauberkunststücke vorgeführt, und für den einen Trick brauchte ich eben ein Baby. Ich hätte nicht im Traum daran gedacht, dass man mir den kleinen Prinzen höchstpersönlich geben würde. Ich habe ein rotes, seidenes Schnupftuch über ihn gebreitet, einmal mit der Hand gewedelt, das Schnupftuch weggezogen . . . und da lag das Kaninchen.« Der Zauberer seufzte. »Leider ging es anders herum nicht so glatt. Ich habe alles versucht, aber das Kaninchen blieb ein Kaninchen! Die Königin war sehr betrübt und der König auch, aber er sagte großzügig, ich könnte das Kaninchen behalten. Ich habe es also mit zu mir in den Wald genommen, aber nach ein paar Wochen ist es mir leider entwischt, und ich habe es nie wieder gefunden.« Der Zauberer wischte sich die Augen mit seinem roten, seidenen Schnupftuch.

»Sehr interessant«, sagte Karnickel. »Also, ich möchte Folgendes . . .«

Und sie besprachen die ganze Angelegenheit von Anfang an und sehr gründlich.

Einen Monat später fand der große Wettbewerb im Aufrechtstehen statt. Der ganze Hofstaat und alles Volk hatten sich versammelt, und der König erhob sich, um eine Eröffnungsrede zu halten.

»Wir haben uns hier eingefunden, um unsere beiden Kandidaten für den Thron der wichtigsten Prüfung zu unterwerfen. Auf den Befehl ›Los!‹ müssen sie . . .« Der König unterbrach sich.

»Was ist denn das?«, fragte er und setzte seine Brille auf. »Wo ist der junge Lord Quecksilber? Und was will das zweite Karnickel hier? Es war wirklich nicht nötig, deinen Bruder mitzubringen!«, sagte der König streng zu Karnickel.

»Ich bin Lord Quecksilber«, sagte das zweite Kaninchen schüchtern.

»Oh!«, sagte der König.

»Los!«, sagte der Kanzler, der ein bisschen schwerhörig war.

Sofort richtete sich Karnickel auf den Hinterbeinen auf, denn er hatte einen ganzen Monat lang fleißig trainiert. Lord Quecksilber, der überhaupt keine Übung hatte, blieb auf allen vieren hocken. Der Zauberer stand unter den Zuschauern und kicherte vor sich hin.

»Wie lange soll ich stehen bleiben, Euer Majestät?«, fragte Karnickel.

»Wie peinlich . . .«, murmelte der König.

»Darf ich mich wieder setzen, Euer Majestät?«, fragte Karnickel.

»Das Karnickel hat ohne Zweifel gewonnen«, bemerkte der Kanzler.

»Welches Karnickel?«, fragte der König gereizt. »Es sind zwei.«

»Das Karnickel mit den weißen Tupfen hinter den Ohren«, sagte Karnickel, um dem König weiterzuhelfen. »Darf ich mich setzen, Euer Majestät?«

Plötzlich ertönte ein Schrei in der Menge.

»Euer Majestät!«

»Was gibt's?«

Der Zauberer drängte sich vor.

»Darf ich bitte einmal nachsehen, Euer Majestät?«, sagte er mit zitternder Stimme. »Weiße Tupfen hinter den Ohren? Du liebe Zeit, du liebe Zeit . . . gestatte.« Er packte Karnickel bei den Ohren und zog sie auseinander.

»Au!«, sagte Karnickel.

»Er ist es, Euer Majestät! Er ist es!«, rief der Zauberer.

»Wer . . . was?«

»Er ist der Sohn des seligen Königs Nikodemus, dessen Reich nun mit Eurem vereint ist. Prinz Silvio.«

»Ganz richtig, der bin ich«, versicherte Karnickel und verbarg seine Verblüffung. »Habt Ihr mich denn nicht wiedererkannt?«

»König Nikodemus hatte nur einen einzigen Sohn, und der ist als Baby gestorben«, sagte der Kanzler.

»Er ist nicht gestorben«, erwiderte der Zauberer und erklärte die ganze traurige Geschichte.

»Aha«, sagte der König, als er alles erfahren hatte. »Aber das hat nichts mit dieser Prüfung zu tun, die vollkommen unparteilich durchgeführt werden muss.«

Er wandte sich an den Kanzler. »Wer von den beiden hat den letzten Wettkampf gewonnen?«

»Prinz Silvio«, antwortete der Kanzler.

»Mein lieber Prinz Silvio, dann . . .«

»Einen Augenblick, bitte!«, unterbrach der Zauberer aufgeregt. »Mir ist gerade das richtige Zauberwort wieder eingefallen!« Er warf sein rotes, seidenes Schnupftuch über Karnickel und rief: »He, presto!«

Das rote, seidene Schnupftuch schwebte immer höher und höher in die Luft . . . und da stand Prinz Silvio!

Das Volk und der Hofstaat jubelten, aber der König tat so, als habe sich nichts Ungewöhnliches ereignet.

»Mein lieber Prinz Silvio, als Sieger in allen Wettkämpfen ernenne ich dich hiermit zu meinem Thronfolger«, sagte der König.

»Euer Majestät, die Ehre ist zu groß!« Dann wandte sich Prinz Silvio Karnickel an den Zauberer. »Würdet Ihr mir bitte für einen Augenblick Euer Schnupftuch leihen? Die Gefühle überwältigen mich!«

Am nächsten Tag wurde Prinz Silvio Karnickel vor dem ganzen Volk zum Thronfolger ausgerufen. Erst nach dieser Zeremonie gab Prinz Silvio dem Zauberer das rote, seidene Schnupftuch zurück und sagte:

»Jetzt könnt Ihr Lord Quecksilber in seine frühere Gestalt zurückverwandeln!«

Der Zauberer breitete sein rotes, seidenes Schnupftuch auf Lord Quecksilbers Kopf aus und rief: »He, presto!«, und Lord Quecksilber reckte und streckte sich und sagte: »Vielen Dank.« Aber seine Stimme klang ziemlich eisig, als ob er nicht besonders dankbar sei.

Prinz Silvio Karnickel heiratete die allerschönste Prinzessin weit und breit; und als ihnen ein Sohn geboren wurde, feierte das ganze Land. Prinz Silvio gab ein riesengroßes Fest, auf dem fahrende Musikanten, Sänger und Akrobaten die vielen Gäste mit ihren Künsten erfreuten. Aber der Zauberer fehlte, obwohl ihn die Prinzessin gern eingeladen hätte.

»Ich habe gehört, er soll ein großartiger Zauberer sein«, sagte die Prinzessin zu ihrem Mann.

»Er kann viele erstaunliche Zauberkunststücke, aber manche sind leider nicht ganz salonfähig«, antwortete Prinz Silvio Karnickel.

»Ganz wie du willst, mein Lieber«, sagte die Prinzessin. »Dann eben nicht.«

MICHEL TOURNIER

König Goldbart

Es war einmal im glücklichen Arabien, in der Stadt Schamur, ein König, der hieß Nabunassar III. und war berühmt für seinen in schönen Locken herabwallenden goldenen Bart, dem er den Beinamen Goldbart verdankte. Er ließ ihm größte Sorgfalt angedeihen. Das ging so weit, dass er den Bart zur Nacht in eine kleine seidene Hülle tat; daraus durfte er erst am Morgen wieder heraus, um den kundigen Händen einer Barbierin anvertraut zu werden.

Während nämlich – das muss man wissen – männliche Barbiere Rasiermesserhelden und Bartspalter sind, spielen weibliche Barbiere nur mit Kamm, Brenneisen und Sprühfläschchen herum und sind nicht im Stande, ihrem Kunden auch nur ein einziges Härchen zu schneiden.

Nabunassar Goldbart hatte in seiner Jugend diesen Bart einfach wachsen lassen und ihm, mehr als Nachlässigkeit als mit Vorbedacht, keine Beachtung geschenkt. Mit den Jahren aber begann er seinem Kinnanhang eine wachsende, beinah magische Bedeutung beizumessen. Er war nicht weit davon entfernt, ihn für das Symbol seiner Königswürde, ja für den Kern seiner Macht zu halten. Und er ward nicht müde, seinen goldenen Bart im Spiegel zu betrachten, und ließ ihn wohlgefällig durch seine mit Ringen beladenen Finger gleiten.

Das Volk von Schamur liebte seinen König. Doch dessen Regierungszeit währte nun schon länger als eine halbes Jahrhundert. Dringende Reformen wurden von der Regierung, die sich nach dem Vorbild ihres Herrschers in zufriedener Untätigkeit wiegte, immer von neuem vertagt.

Der Ministerrat trat nur einmal im Monat zusammen und die Türhüter hörten von drinnen, mit langem Stillschweigen dazwischen, immer wieder dieselben Redensarten:

»Man müsste etwas tun.«

»Ja, aber man darf nichts übereilen!«

»Dafür sind die Dinge noch nicht reif.«

»Mit der Zeit kommt das von selbst.«

»Es ist dringend geboten abzuwarten.«

Und dann trennte man sich wieder und beglückwünschte sich – ohne aber irgendetwas beschlossen zu haben.

Eine der Hauptbeschäftigungen des Königs bestand darin, nach dem Mittagessen – das nach altem Brauch langsam, von langer Dauer und lähmender Schwere war – einen gründlichen Mittagsschlaf zu halten, und der zog sich dann bis spät in den Nachmittag hinein. Er fand, genau gesagt, im Freien statt, auf einer Terrasse im Schatten kreuz und quer verschlungener Clematisranken.

Seit einigen Monaten jedoch empfand Goldbart nicht mehr die frühere Seelenruhe.

Nicht, dass das Wenn und Aber seiner Ratgeber oder das Murren seines Volkes ihn zu erschüttern vermocht hätte! Nein. Seine Unruhe war höheren, tieferen, mit einem Wort erhabeneren Ursprungs:

Als König Nabunassar III. sich nach der Morgentoilette in dem Spiegel bewunderte, den ihm seine Barbierin vorhielt, hatte er zum ersten Mal im Goldgewell seines Bartes ein weißes Haar entdeckt.

Dieses weiße Haar stürzte ihn in abgrundtiefes Nachdenken.

Ja, so ist's, dachte er, ich werde alt. Das war freilich zu erwarten, aber jetzt ist es eine Tatsache, so unbestreitbar wie dieses Haar. Was soll ich tun? Denn hab ich auch ein weißes Haar, so hab ich doch keinen Erben. Zweimal war ich verheiratet und von beiden Königinnen, die einander in meinem Bett folgten, war keine im Stande, dem Reich einen Kronprinzen zu schenken.

Ich muss auf Abhilfe sinnen. Ja, doch man darf nichts übereilen. Ich sollte einen Erben haben, ja, also vielleicht ein Kind adoptieren. Aber eines, das mir ähnlich sieht, ungeheuer ähnlich sieht. Ich selbst, nur jünger, viel jünger. Dafür sind die Dinge noch nicht reif. Mit der Zeit kommt das von selbst. Es ist dringend geboten abzuwarten.

Nachdem er damit, ohne es zu merken, auf die üblichen Redensarten seiner Minister zurückgegriffen hatte, schlief er ein und träumte von einem kleinen Nabunassar IV., der ihm ähnlich sähe wie ein eigener kleiner Zwillingsbruder.

Eines Tages jedoch wurde er durch einen heftigen, stechenden Schmerz jäh aus dem Mittagsschlaf gerissen. Unwillkürlich griff er sich ans Kinn, denn dort hatte er den Schmerz gespürt.

Nichts. Er blutete nicht.

Er schlug auf einen Gong. Ließ seine Barbierin kommen. Befahl ihr, den großen Spiegel zu holen. Musterte sich genau.

Seine dunkle Ahnung hatte ihn nicht getäuscht: Das weiße Haar war verschwunden. Eine frevelnde Hand hatte seinen Schlaf ausgenutzt und es gewagt, sich am Haaranhang seines Kinns zu vergreifen.

War das Haar wirklich ausgerissen worden oder verbarg es sich nur im Dickicht des Bartes? Das war in der Tat die Frage. Denn am nächsten Morgen, als die Barbierin ihres Amtes gewaltet hatte und dem König den Spiegel vorhielt, war es da, das Haar – unleugbar in seinem schimmernden Weiß. Es hob sich ab wie eine Silberader in einem Kupferbergwerk.

Nabunassar gab sich an diesem Tag dem üblichen Mittagsschlaf mit einer Unruhe hin, in der das Problem seiner Nachfolge und das Geheimnis seines Bartes wirr durcheinander gingen. Er ahnte nicht im Entferntesten, dass diese beiden Fragezeichen in Wahrheit nur eines waren und beide miteinander ihre Lösung finden sollten . . .

So war denn König Nabunassar III. kaum eingeschlafen, als er durch einen heftigen Schmerz am Kinn aus seinem Schlummer gerissen wurde. Er fuhr auf, rief um Hilfe, ließ den Spiegel bringen: Das weiße Haar war abermals verschwunden!

Am nächsten Morgen war es wieder da. Doch diesmal ließ sich der König vom ersten Anschein nicht täuschen. Ja, man kann sagen, er sei der Wahrheit einen großen Schritt näher gekommen.

Es entging ihm nämlich nicht, dass das Haar, das sich am Abend zuvor links unten an seinem Kinn befunden hatte, jetzt rechts oben – fast in Höhe der Nase – zu sehen war. So musste man, weil es ja ein Wanderhaar nicht gibt, daraus schließen, es handle sich um ein anderes weißes Haar, das im Laufe der Nacht dazugekommen sei – denn es ist nun einmal so, dass Haare die Dunkelheit benutzen, um weiß zu werden.

Als der König sich an diesem Tag zum Mittagsschlaf rüstete, wusste er schon, was geschehen würde: Er hatte kaum die Augen geschlossen, da riss er sie schon wieder auf, denn er hatte in der Wangengegend, wo er das letzte weiße Haar gesichtet hatte, ein schmerzhaftes Piken gespürt.

Er ließ sich den Spiegel gar nicht erst bringen, denn er war
überzeugt, dass ihm erneut ein Haar ausgerissen worden
war.

Aber von wem? Von wem?

Dasselbe ereignete sich nun jeden Tag. Der König gelob-
te sich, unter den Clematisranken nicht mehr einzuschlafen. Er stellte sich schlafend, schloss halb die Augen, ein
scheeler Blick drang zwischen seinen Lidern hervor. Aber
man stellt sich nicht schlafend, ohne dass man Gefahr
läuft, wirklich einzuschlafen. Und witsch! Als der Schmerz
kam, war er schon tief eingeschlafen, und ehe er die Augen auf-
tat, war schon alles vorbei.

Kein Bart ist jedoch unerschöpflich. Jede Nacht verwandelte sich eines der
goldenen Haare in ein weißes, und das wurde dem König dann am frühen Nachmittag des folgenden Tages ausgerissen.

Die Barbierin getraute sich nicht, etwas zu sagen. Doch der König sah, wie ihr
Gesicht immer mehr Runzeln bekam, je schütterer sein Bart wurde.

Er betrachtete sich selbst im Spiegel, streichelte, was ihm von seinem Goldbart
noch geblieben war, und betrachtete forschend die Linien seines Kinns: Sie
schimmerten durch den spärlichen Bewuchs immer deutlicher hindurch. Das
Seltsamste war, dass ihm die Verwandlung nicht einmal missfiel. Durch die
schwindende Maske des majestätischen Alten wurden für ihn
wieder – freilich ausgeprägter und schärfer gezeichnet – die
Züge des bartlosen jungen Mannes sichtbar, der er einst gewesen war. Und gleichzeitig erschien ihm die Frage seiner
Nachfolge schon nicht mehr so brennend.

Als er nur noch ein Dutzend Haare am Kinn hatte, dachte er allen Ernstes daran, seine weißhaarigen Minister zu entlassen
und die Zügel der Regierung selbst in die Hand zu nehmen.

Da nahmen die Ereignisse eine neue Wendung.
Kam es daher, dass er an den Wangen und dem Kinn, die nun kahl
waren, jeden Luftzug besser spürte?
Jedenfalls geschah es, dass ihn aus dem Mittagsschlaf ein leichter, kühler Wind
weckte. Der war um einen Sekundenbruchteil vor dem Verschwinden des am
Morgen entdeckten weißen Haares aufgekommen.
Und eines Tages sah der König . . .

123

Was sah er? Einen schönen weißen Vogel – so weiß wie der weiße Bart, den er nie mehr besitzen würde –, und der Vogel flog pfeilschnell davon und trug im Schnabel das just zuvor ausgerissene Barthaar.

Damit erklärte sich alles: Der Vogel wollte ein Nest von gleicher Farbe wie sein Gefieder und hatte nichts Weißeres gefunden als eben die Haare in des Königs Bart.

Nabunassar freute sich seiner Entdeckung, doch er brannte darauf, mehr zu wissen. Und das war höchste Zeit, denn ihm blieb am Kinn nur noch ein einziges Haar. Und dieses Haar würde für den schönen Vogel der letzte Anlass sein, sich zu zeigen.

Wie groß war darum die Erregung des Königs, als er sich dieses Mal unter den Clematisranken zum Mittagsschlaf niederlege!

Abermals musste er sich schlafend stellen, durfte aber dem Schlaf nicht nachgeben. Doch das Mittagsmahl war an diesem Tag besonders köstlich und reichlich gewesen und reizte dazu, hinterher Mittagsschlaf zu halten . . . wie ein König! Nabunassar kämpfte heldenhaft gegen die Benommenheit, die in wohligen Wellen über ihn kam. Um sich wachzuhalten, schielte er nach dem langen weißen Haar, das von seinem Kinn ausging und sich im warmen Licht wellte. Er war, auf mein Wort! nur einen Augenblick geistesabwesend, einen ganz kurzen Moment; und er kam sofort wieder zu sich, als ein Flügelschlag ihm kräftig-liebkosend über die Wange strich und er einen stechenden Schmerz am Kinn spürte.

Rasch griff er zu, berührte etwas Weiches, Pulsierendes, doch seine Finger griffen ins Leere. Und als er die Augen öffnete, sah er nur den schwarzen Schatten des weißen Vogels im Gegenlicht vor der roten Sonne, den Schatten des Vogels, der davonflog – auf Nimmerwiedersehen, denn er trug in seinem Schnabel das letzte Haar vom Barte des Königs!

Wütend stand der König auf. Er war drauf und dran, seine Bogenschützen rufen zu lassen mit dem Befehl, den Vogel dingfest zu machen und ihn, tot oder lebendig, herbeizuschaffen. Ganz die brutale, unvernünftige Reaktion eines verärgerten Herrschers. Da sah er etwas Weißes, das sich in der Luft wiegte und langsam zu Boden schwebte: eine Feder, eine schneeweiße Feder,

die der Vogel, als er ihn berührte, wohl verloren haben musste. Die Feder landete sacht auf den Fliesen, und der König konnte einen Vorgang beobachten, der ihn ungeheuer fesselte: Die Feder blieb einen Augenblick regungslos liegen, dann drehte sie sich um ihre Achse und zeigte mit ihrer Spitze in Richtung . . .

Ja, diese kleine Feder auf dem Boden drehte sich wie die Magnetnadel im Kompass. Aber anstatt nach Norden zu zeigen, stellte sie sich auf die Richtung ein, die der fliehende Vogel eingeschlagen hatte.

Der König bückte sich, hob die Feder auf und legte sie auf die flache Hand. Und die Feder drehte sich und blieb in südsüdwestlicher Richtung stehen – in der Richtung, in welche der Vogel verschwunden war.

Das war ein Zeichen, eine stumme Aufforderung. Nabunassar, noch immer die Feder auf der flachen Hand, stürzte ins Treppenhaus des Palastes. Er erwiderte nicht den ehrerbietigen Gruß der Höflinge und Bedienten, denen er begegnete. Dafür erkannte ihn dann, als er sich unten auf der Straße befand, offenbar kein Mensch. Die Leute konnten sich einfach nicht vorstellen, dass dieser bartlose Mann, der in einer einfachen Pluderhose und einer kurzen Jacke herumlief und eine kleine Feder in der Hand hielt, ihr majestätischer Herrscher Nabunassar III. sei.

Kam es daher, dass dieses ungewöhnliche Gebaren ihnen mit der Würde eines Königs unvereinbar schien?

Oder hatte es andere Gründe, etwa ein neues, jugendliches Aussehen, das ihn unkenntlich machte?

Nabunassar stellte sich diese Frage – immerhin eine Frage von allergrößter Bedeutung – nicht, denn er war viel zu sehr damit beschäftigt, die Feder auf der Handfläche nicht zu verlieren und ihren Hinweisen zu folgen.

So eilte er lange dahin, der König Nabunassar III. – oder muss man schon sagen:

der ehemalige König Nabunassar III.? Er ließ Schamur hinter sich, lief über bestellte Felder, fand sich in einem Wald, überwand ein Gebirge, überquerte auf einer Brücke einen Fluss, über eine Furt einen Bach, durcheilte eine Wüste und nochmals ein Gebirge. Er lief, lief, lief ohne große Ermüdung, was bei einem bejahrten, ziemlich beleibten, durch ein träges Leben verwöhnten Mann recht überraschend war. Schließlich blieb er in einem Wäldchen unter einer großen Eiche stehen, zu deren Wipfel die weiße Feder senkrecht emporwies. Ganz oben, auf der höchsten Astgabel, war ein Knäuel aus Gräsern zu sehen. Und auf diesem Nest – denn es war ein Nest – saß der schöne weiße Vogel und schlug ängstlich mit den Flügeln.

Nabunassar machte einen Satz und bekam den untersten Ast zu fassen. Mit einem Klimmzug saß er, und sogleich stand er darauf, dann fing er beim zweiten Ast von vorne an, und so kletterte er hinauf, flink und leicht wie ein Eichhörnchen.

Es dauerte nicht lange und er war an der höchsten Astgabel. Der weiße Vogel flog erschrocken davon.

Droben fand der König einen Kranz aus lauter kleinen Zweigen mit einem weißen Nest in der Mitte, in dem er, sorgsam ineinander verwoben, alle Haare seines Bartes erkannte. Und mitten in diesem weißen Nest ruhte ein Ei, ein schönes goldenes Ei, so golden, wie einst der Bart des Königs Goldbart gewesen war.

Nabu löste das Nest aus der Astgabel, nahm es an sich und machte sich an den Abstieg. Aber das war kein leichtes Unterfangen mit der zerbrechlichen Last, durch die er nur eine Hand frei hatte! Mehr als einmal dachte er daran, alles fallen zu lassen, und sogar als er nur noch ein Dutzend Meter überm Boden war, hätte er beinahe das Gleichgewicht verloren und wäre hinuntergestürzt.

Doch schließlich sprang er vollends hinab auf die bemooste Erde. Er war schon einige Minuten in die Richtung gewandert, in der er die Stadt vermutete, als er eine ungewöhnliche Begegnung hatte: ein Paar Stiefel und darüber ein dicker Bauch, und darüber ein Försterhut – kurz, ein richtiger Riese aus den Wäldern.

Und der Riese rief mit Donnerstimme: »Na, kleiner Schlingel? Stibitzt man so im Wald des Königs die Eier aus dem Nest?«

Kleiner Schlingel? Wie konnte ihn einer so nennen? Plötzlich merkte Nabu, dass er tatsächlich sehr, sehr klein, schmal und flink geworden war. Das erklärte übrigens auch, dass er stundenlang laufen und auf Bäume klettern konnte.

Und er hatte auch keine Mühe, ins Dickicht zu schlüpfen und dem Förster, der durch seine Größe und Dicke behindert war, zu entwischen.

Wenn man sich Schamur nähert, kommt man unweit des Friedhofs vorbei. Nun aber sah sich der kleine Nabu an dieser Stelle durch eine große, glänzende Menge aufgehalten. Sie drängte sich um einen prunkvollen Leichenwagen, den sechs schwarze Pferde zogen, wundervolle Tiere, mit dunklen Federbüschen geziert und mit Silberquasten prächtig aufgeputzt. Nabu fragte einige Male, wer denn da beerdigt werde, doch die Leute zuckten immer die Achseln und blieben ihm die Antwort schuldig, als wäre seine Frage schlechthin zu blöde. Er bemerkte freilich, dass der Leichenwagen Wappenschilde mit einem N und einer Krone darüber trug.

Zu guter Letzt flüchtete er sich in eine Totenkapelle am anderen Ende des Friedhofs, legte das Nest neben sich und schlief, ganz und gar am Ende seiner Kraft, auf einem steinernen Grabmal ein.

Die Sonne schien schon warm, als Nabu sich tags darauf wieder auf den Weg nach Schamur machte. Zu seiner Überraschung fand er das große Stadttor geschlossen; das war um diese Tageszeit verwunderlich. Die Einwohner mussten wohl auf ein wichtiges Ereignis oder auf einen bedeutenden Gast warten, denn bei solch außergewöhnlichen Anlässen wurde das große Stadttor geschlossen und danach feierlich geöffnet.

Und so blieb er, unentschlossen und neugierig, vor dem hohen Portal stehen und hielt dabei immer noch das weiße Nest in der Hand ... als plötzlich das goldene Ei in Stücke zersprang und ein kleiner weißer Vogel zum Vorschein kam. Und der kleine weiße Vogel zwitscherte mit klarer, deutlicher Stimme:

»Hoch lebe der König! Hoch lebe unser neuer König Nabunassar IV.!«

Da drehte sich das schwere Tor in den Angeln und die beiden Torflügel taten sich weit auf. Von der Schwelle bis zu den Stufen des Palastes war ein roter Teppich gelegt. Zur Rechten und zur Linken drängte sich eine jubelnde Menge. Und wie nun der Knabe mit dem Nest voranschritt, nahm alles den hellen Gruß des kleinen Vogels auf und rief:

»Hoch lebe der König! Hoch lebe unser neuer König Nabunassar IV.!«

Nabunassar IV. regierte lange in Frieden und Wohlfahrt.

Zwei Königinnen lösten einander an seiner Seite ab, aber keine von ihnen schenkte dem Reich einen Kronprinzen. Doch der König dachte daran zurück, wie er einmal hinter einem Bartdieb, hinter einem weißen Vogel her in den Wald gelaufen war, und machte sich keinerlei Sorgen um seine Nachfolge. Bis sich mit den Jahren diese Erinnerung in seinem Gedächtnis zu verwischen begann.

Und um diese Zeit bedeckte dann allmählich ein schöner goldener Bart ihm Kinn und Wangen.

ASTRID LINDGREN

Nils Karlsson-Däumling

Bertil stand am Fenster und guckte hinaus. Es begann dunkel zu werden. Neblig, kalt und unfreundlich sah es auf der Straße aus.

Bertil wartete auf Papa und Mama. Er wartete so schrecklich, dass sie eigentlich schon an der Straßenlaterne hätten auftauchen müssen, nur weil er so darauf wartete. An der Laterne sah er sie immer zuerst. Mama kam meistens ein wenig früher als Papa. Aber natürlich konnte keiner von beiden kommen, bevor in der Fabrik Feierabend war.

Jeden Tag gingen Papa und Mama in die Fabrik. Bertil blieb dann den ganzen Tag allein zu Hause. Mama stellte ihm etwas zu essen hin, damit er etwas hatte, wenn er hungrig wurde. Wenn Mama dann heimkam, gab es Mittagessen. Allein zu essen machte kein bisschen Spaß.

Überhaupt war es sehr, sehr traurig, den ganzen Tag allein in der Wohnung zu sein, ohne mit jemandem reden zu können. Natürlich konnte er auf den Hof gehen und dort spielen; aber jetzt im Herbst war das Wetter schlecht und keine Kinder waren draußen.

Oh, wie verging die Zeit doch langsam! Er wusste nicht, was er anfangen sollte. Seine Spielsachen waren ihm schon längst langweilig. So viele hatte er übrigens gar nicht. Alle Bücher, die es im Haus gab, hatte er von vorn bis hinten angesehen. Lesen konnte er noch nicht. Er war erst sechs Jahre alt.

Es war kalt im Zimmer. Papa heizte am Morgen den Kachelofen, aber jetzt am

Nachmittag war beinah alle Wärme verflogen. Bertil fror. In den Winkeln wurde es dunkel. Aber er machte kein Licht an. Wozu? Es gab ja doch nichts, was er tun könnte. Alles war so überaus traurig, dass er beschloss, sich auf sein Bett zu legen und ein wenig darüber nachzudenken, wie traurig es eigentlich war.

Immer war er nicht allein gewesen. Früher hatte er eine Schwester gehabt. Sie hieß Märta. Aber eines Tages kam sie aus der Schule und war krank. Sie war eine ganze Woche lang krank. Und dann starb sie. Die Tränen begannen zu laufen, als er daran dachte und daran, wie allein er nun war.

Und gerade in diesem Augenblick hörte er es: Er hörte kleine, trippelnde Schritte unter dem Bett.

Spukt es hier?, dachte Bertil und beugte sich über die Bettkante, um nachzugucken. Und da sah er ein kleines, wunderliches Ding. Dort unter dem Bett stand ein – ja, es war genau wie ein gewöhnlicher kleiner Junge. Nur war dieser Junge nicht größer als ein Daumen.

»Hallo«, sagte der kleine Junge.

»Hallo«, sagte Bertil ein wenig verlegen.

»Hallo, hallo«, sagte der Kleine.

Danach war es eine Weile still.

»Was bist denn du für einer?«, fragte Bertil. »Und was machst du unter meinem Bett?«

»Ich heiße Nils Karlsson-Däumling«, antwortete der kleine Junge. »Und ich wohne hier. Na ja, natürlich nicht genau unter deinem Bett, sondern ein Stockwerk tiefer. Du kannst den Eingang dort in der Ecke sehen.«

Und dabei zeigte er auf ein großes Mauseloch, das unter Bertils Bett war.

»Wohnst du schon lange hier?«, fragte Bertil den Jungen.

»Nein, erst seit ein paar Tagen«, sagte der kleine Junge. »Vorher hab ich unter einer Baumwurzel im Wald gewohnt. Aber du weißt ja, wenn es Herbst wird, hat man genug vom Lagerleben und möchte gern in die Stadt. Ich hatte großes Glück und konnte dies Zimmer hier von einer Maus mieten, die zu ihrer Schwester nach Södertälje ziehen wollte. Sonst ist es ja schwer, eine Kleinstwohnung zu finden, wie du wohl weißt.«

Ja, davon hatte Bertil schon gehört.

»Ich habe natürlich unmöbliert gemietet«, erklärte der Däumling. »Das ist am besten. Jedenfalls wenn man eigene Möbel hat«, fügte er nach einer Pause hinzu.

»Hast du denn welche?«, fragte Bertil.

»Nein, das ist es ja gerade, ich habe keine«, sagte der Däumling und sah bekümmert aus. Er schüttelte sich.

»Hu, es ist so kalt unten bei mir«, sagte er. »Aber das ist bei dir hier oben ja auch nicht anders.«

»Ja, wahrhaftig«, sagte Bertil, »ich friere wie ein Hund.«

»Einen Kachelofen habe ich«, sagte der Däumling. »Aber kein Holz. Heutzutage ist Holz so teuer.«

Er schlug die Arme um sich, um warm zu werden. Dann sah er Bertil mit großen klaren Augen an.

»Was treibst du tagsüber?«, fragte er.

»Eigentlich nichts Besonderes«, sagte Bertil. »Tatsächlich überhaupt nichts Besonderes.«

»Genau wie ich«, sagte der Däumling. »Es ist ziemlich langweilig, allein zu sein. Findest du nicht auch?«

»Schrecklich langweilig«, sagte Bertil.

»Willst du ein bisschen zu mir runterkommen?«, fragte der Däumling eifrig.

Bertil fing an zu lachen: »Glaubst du denn wirklich, dass ich durch das Loch da hindurchkomme?«

»Das ist die einfachste Sache von der Welt«, sagte der Däumling. »Du drückst nur auf den Nagel, den du dort neben dem Loch siehst, und dann sagst du ›Killevipps‹. Dann bist du genauso klein wie ich.«

»Ist das sicher?«, fragte Bertil »Aber werde ich auch wieder groß, bevor Papa und Mama nach Hause kommen?«

»Aber ja«, sagte der Däumling. »Dann drückst du nur wieder auf den Nagel und sagst noch einmal ›Killevipps‹.«

»Ulkig«, sagte Bertil. »Kannst du auch so groß werden wie ich?«

»Nein, das kann ich nicht«, sagte der Däumling. »Leider. Aber es wäre schön, wenn du ein bisschen zu mir runter kämst.«

»Also los«, sagte Bertil.

Er kroch unter das Bett, drückte den Zeigefinger auf den Nagel und sagte: »Killevipps.«

Und tatsächlich! Da stand er vor dem Mauseloch, genauso klein wie der Däumling.

»Übrigens, ich heiße Nisse«, sagte der Däumling und streckte Bertil die Hand entgegen. »Komm, wir gehen zu mir runter!«

Bertil fühlte, es war etwas unglaublich Spannendes und Merkwürdiges, was hier passierte. Er brannte richtig vor Neugierde, in das dunkle Loch zu gehen.

»Vorsichtig auf der Treppe«, sagte Nisse. »Das Geländer ist an einer Stelle kaputt.«

Bertil stieg mit behutsamen Schritten eine kleine Steintreppe hinab. Kaum zu glauben, er hatte nicht gewusst, dass hier eine Treppe war! Sie endete vor einer geschlossenen Tür.

»Warte, ich mach Licht an«, sagte Nisse und knipste an einem Schalter. An der Tür hing eine Visitenkarte. »Nils Karlsson-Däumling« stand sehr ordentlich darauf. Dann öffnete er die Tür und knipste an einem anderen Schalter. Bertil ging hinein.

»Hier sieht es nicht sehr einladend aus«, entschuldigte sich Nisse.

Bertil guckte sich um. Es war ein kleines kahles Zimmer mit einem Fenster und einem blau angemalten Kachelofen in der einen Ecke.

»Ja, es könnte freundlicher sein«, gab er zu. »Wo schläfst du denn nachts?«

»Auf dem Fußboden«, sagte Nisse.

»Oh, ist das nicht kalt?«, sagte Bertil.

»Und ob! Darauf kannst du dich verlassen. Es ist so kalt, dass ich jede Stunde aufstehen und herumrennen muss, damit ich nicht erfriere.«

Nisse tat Bertil wirklich sehr leid. Er brauchte nachts wenigstens nicht zu frieren. Plötzlich hatte er einen Einfall.

»Bin ich dumm!«, sagte er. »Holz kann ich doch besorgen!«

Nisse packte ihn heftig am Arm.

»Glaubst du, dass du das kannst?«, fragte er eifrig.

»Natürlich«, sagte Bertil. Dann sah er ein wenig bekümmert aus. »Das Schlimme ist nur, ich darf keine Streichhölzer anstecken«, sagte er.

»Das macht nichts«, versicherte Nisse ihm. »Wenn du Holz besorgst – anzünden werde ich es schon.«

Bertil rannte die Treppe hinauf, drückte auf den Nagel und – hatte vergessen, was er sagen sollte.

»Wie hieß das, was ich sagen sollte?«, schrie er zu Nisse hinunter.

»Killevipps natürlich«, rief Nisse.

»Killevipps natürlich«, sagte Bertil zu dem Nagel. Nichts geschah.

»Ach, du musst natürlich nur Killevipps sagen!«, rief Nisse von unten herauf.

»Nur Killevipps«, sagte Bertil. Nichts geschah.

»Oh, oh«, schrie Nisse, »du darfst nichts anderes als Killevipps sagen!«

Da begriff Bertil endlich, und er sagte »Killevipps« und wurde wieder groß, und das ging so rasch, dass er mit dem Kopf von unten an das Bett stieß.

So schnell er konnte, kroch er unter dem Bett hervor und lief zum Küchenherd. Da lagen eine Menge abgebrannter Streichhölzer. Er zerbrach sie in lauter kleine Stücke und stapelte sie neben dem Mauseloch auf. Dann machte er sich wieder klein und rief Nisse zu: »Komm und hilf mir mit all dem Holz!«

Denn jetzt, wo er wieder klein war, konnte er nicht mehr alles allein hinuntertragen. Nisse kam angerannt, und sie schleppten gemeinsam das Holz die Treppe hinunter und ins Zimmer hinein bis zum Kachelofen. Nisse hüpfte vor Freude.

»Prima Holz«, rief er, »wirklich prima Holz!«

Er stopfte den ganzen Kachelofen voll, und was übrig blieb, stapelte er fein säuberlich in einer Ecke daneben auf.

»Jetzt sollst du mal sehen«, sagte er.

Er hockte sich vor den Ofen und blies hinein. Psch, fing es an zu prasseln und zu brennen.

»Wie praktisch«, sagte Bertil. »Das spart Streichhölzer.«

»Und wie«, sagte Nisse. »Was für ein herrliches, herrliches Feuer«, fuhr er fort. »Ich glaube, seit dem Sommer war mir nicht mehr richtig warm.«

Sie setzten sich vor dem lodernden Feuer auf den Boden und streckten ihre blau gefrorenen Hände gegen die mollige Wärme.

»Wir haben noch viel Holz übrig«, sagte Nisse zufrieden.

»Ja, und wenn es zu Ende geht, kann ich noch holen, so viel ich will«, sagte Bertil. Er war auch zufrieden.

»Heute Nacht werde ich bestimmt nicht sehr frieren«, sagte Nisse.

»Was isst du eigentlich?«, fragte Bertil nach einer Weile. Nisse wurde rot.

»Ach – dies und das«, sagte er unsicher. »Was ich so ab und zu erwische . . .«

»Was hast du heute gegessen?«, fragte Bertil.

»Heute . . .«, sagte Nisse. »Ach ja, ich erinnere mich – heute hab ich gar nichts gegessen.«

»Aber dann musst du doch schrecklich hungrig sein!«, rief Bertil aus.

»Ja«, sagte Nisse zögernd, »ich bin ganz schrecklich hungrig.«

»Warum hast du das nicht früher gesagt, Dummkopf! Ich hole sofort etwas.«
Nisse keuchte fast.

»Wenn du das tust«, sagte er, »wenn du mir wirklich etwas zu essen besorgst,
werde ich dich gern haben, solange ich lebe.«

Bertil war schon halb auf der Treppe. Schnell, schnell sagte er »Killevipps«,
schnell, schnell lief er zur Speisekammer. Dort nahm er ein winzig kleines Stück
Käse und ein winzig kleines Stück Brot, das er mit Butter bestrich, und einen
Fleischkloß und zwei Rosinen.

Er stapelte alles neben dem Mauseloch. Dann machte er sich wieder klein und
schrie:

»Komm und hilf mir mit dem Essen!«

Aber er hätte gar nicht so zu schreien brauchen, denn Nisse stand schon da und
wartete. Sie trugen alles hinunter. Und Nisses Augen strahlten wie Sterne.
Bertil bekam selbst auch Hunger.

»Wir fangen mit dem Fleischkloß an«, sagte er.

Der Kloß war fast genauso groß wie Nisses Kopf. Sie fingen jeder
von einer Seite an zu essen, um zu sehen, wer zuerst zur Kloß-
mitte kam. Es war Nisse. Dann aßen sie Käsebrot. Das winzig
kleine Brotstück war jetzt so groß wie die allergrößte Scheibe
Brot. Nisse wollte seinen Käse aufsparen.

»Weißt du, ich muss nämlich der Maus ein Stück Käse als monatli-
che Miete geben«, sagte er. »Sonst werde ich rausgeschmissen.«

»Das bringen wir schon in Ordnung«, sagte Bertil. »Iss jetzt den Käse.«
Und das taten sie. Und dann knabberten sie jeder eine Rosine. Aber
Nisse sagte, er wolle eine halbe Rosine für den nächsten Tag aufbe-
wahren.

»Dann habe ich etwas zu essen, wenn ich aufwache«, sagte er. »Ich werde
mich wohl vor den Kachelofen legen, dort ist es am wärmsten«, fuhr er fort.
Da schrie Bertil auf.

»Oh, nun weiß ich, nun weiß ich etwas ganz kolossal Gutes!«

Und wipps war er die Treppe hinauf verschwunden. Es dauerte eine ganze Weile, dann hörte Nisse, wie Bertil rief: »Komm und hilf mir mit dem Bett!«

Nisse stürzte nach oben. Und da stand Bertil mit dem allerschönsten kleinen
weißen Bett. Das hatte er aus Märtas alter Puppenstube herausgenommen, die
noch immer herumstand. Die kleinste Puppe hatte in dem Bett gelegen. Aber
jetzt konnte Nisse es besser brauchen.

»Ich habe dir noch etwas Watte mitgebracht, da kannst du drauf liegen, und ein Stückchen von dem grünen Flanell, aus dem Mama mir gerade einen Schlafanzug genäht hat, und das kannst du als Decke nehmen.«

»Oh«, sagte Nisse. »Oh«, sagte er nur. Mehr konnte er nicht sagen.

»Und das Nachthemd von der Puppe hab ich auch mitgebracht«, sagte Bertil. »Es macht dir doch nichts aus, in einem Puppennachthemd zu schlafen?«

»Nein, warum denn?«, fragte Nisse.

»Ja, weißt du, es sind ja eigentlich Mädchensachen«, sagte Bertil entschuldigend.

»Aber es ist warm«, sagte Nisse und strich zufrieden mit der Hand über das Puppennachthemd. »Ich habe noch nie in einem Bett gelegen«, sagte er. »Eigentlich möchte ich sofort schlafen gehen.«

»Mach das nur«, sagte Bertil. »Mama und Papa können jeden Augenblick kommen. Ich muss sowieso gehen.«

Da kroch Nisse schnell aus seinen Kleidern heraus und in das Nachthemd hinein, und dann sprang er in das Bett, kuschelte sich tief in die Watte und zog die Flanelldecke über sich.

»Oh«, sagte er noch einmal. »Ich bin vollkommen satt. Und vollkommen warm. Und vollkommen entsetzlich müde.«

»Tschüss dann«, sagte Bertil. »Morgen komme ich wieder.«

Aber das hörte Nisse nicht mehr. Er schlief schon.

Am Tag darauf konnte Bertil es kaum abwarten, bis Mama und Papa gegangen waren. Warum trödelten sie nur so schrecklich? Sonst stand Bertil immer im Korridor und sagte Auf Wiedersehen und sah sehr traurig aus. Aber heute tat er das nicht. Kaum war die Wohnungstür zugeschlagen, kroch er unter das Bett und ging zu Nisse hinunter. Nisse war schon auf und hatte den Kachelofen geheizt.

»Das macht hoffentlich nichts?«, fragte er Bertil.

»Nein, es ist doch klar, dass du heizen darfst, so viel du willst«, antwortete Bertil. Dann guckte er sich im Zimmer um. »Weißt du, was? Hier müsste mal sauber gemacht werden«, sagte er.

»Ja, das könnte nichts schaden«, meinte Nisse. »Der Fußboden sieht aus, als wäre er noch nie gescheuert worden.«

Bertil lief schon die Treppe hinauf. Eine Scheuerbürste und eine Scheuerwanne, das war es, was er brauchte. Auf der Spüle in der Küche lag eine alte ausgediente Zahnbürste. Die nahm er und brach den Stiel ab. Dann sah er in den Geschirrschrank. Dort fand er eine ganz kleine Schale, wie sie Mama für Fruchtgelee gebrauchte. Er füllte sie mit warmem Wasser aus dem Heißwasserspeicher am Herd und legte ein Krümelchen Seife hinein. Dann riss er noch eine kleine Ecke von einem Lappen ab, der im Besenschrank lag. Alles zusammen stapelte er wie gewöhnlich neben dem Mauseloch. Und Nisse musste ihm wieder beim Hinuntertragen helfen.

»Das ist aber eine riesige Scheuerbürste«, sagte Nisse.

»Ja, die schafft was«, sagte Bertil.

Und dann ging es los. Bertil scheuerte, und Nisse wischte mit dem Lappen hinterher. Das Wasser in der Schale wurde ganz schwarz. Aber der Fußboden sah bald richtig gut aus.

»Setz dich hier an die Treppe«, sagte Bertil. »Dann sollst du eine Überraschung erleben. Hände vor die Augen! Du darfst nicht gucken!« Nisse hielt sich die Augen zu, und er hörte, wie Bertil oben in der Wohnung mit etwas scharrte und polterte.

»Jetzt darfst du gucken«, rief Bertil.

Und da tat Nisse das. Und da standen doch wahrhaftig ein Tisch und ein Eck-schrank und zwei sehr feine kleine Lehnstühle und zwei hölzerne Fußbänke.

»So etwas habe ich noch nie gesehen!«, schrie Nisse. »Kannst du zaubern?«

Das konnte Bertil natürlich nicht. Er hatte das alles einfach aus Märtas Puppen-stube geholt. Er hatte auch einen Teppich mitgebracht, einen gestreiften Fli-ckenteppich, den Märta auf ihrem Puppenwebstuhl gewebt hatte.

Zuerst breiteten sie den Teppich aus. Er bedeckte fast den ganzen Fußboden.

»Oh, sieht das gemütlich aus«, sagte Nisse.

Aber noch gemütlicher wurde es, als der Eckschrank an seinen Platz kam, der Tisch mit den Lehnstühlen mitten im Zimmer stand und die beiden Fußbänke vor dem Ofen.

»Denk nur, dass man so fein wohnen kann«, sagte Nisse andächtig.

Bertil fand auch, dass es fein war, viel feiner als oben in seiner eigenen Woh-nung. Sie setzten sich jeder in einen Lehnstuhl und unterhielten sich.

»Ja, nun müsste man selbst auch ein bisschen fein sein«, sagte Nisse, »und nicht so entsetzlich schmutzig wie ich.«

»Wir könnten ja baden«, schlug Bertil vor.

Die Geleeschale war bald mit sauberem, warmem Wasser gefüllt, ein Stück von einem alten, zerrissenen Frottiertuch wurde ein herrliches Badelaken, und wenn sie auch ein ganz Teil Wasser beim Hinuntertragen auf der Treppe verschütteten, so reichte doch das, was übrig blieb, noch immer aus, um darin zu baden. Schnell warfen sie die Kleider ab und stiegen in die Badewanne. Es war herrlich.

»Rubbele mir den Rücken«, sagte Nisse.

Und Bertil rubbelte. Und dann rubbelte Nisse Bertil den Rücken. Und dann bespritzten sie sich, und eine ganze Menge Wasser schwappte auf den Fußboden. Aber das machte nichts, denn sie hatten den Teppich zur Seite gerollt, und das Wasser konnte man aufwischen. Nachher wickelten sie sich in das Badelaken und setzten sich auf die Fußbänke vor den Ofen und erzählten sich alles über alles, und Bertil lief nach oben, um Zucker zu holen und ein winzig kleines Apfelstückchen, das sie vor dem Feuer brieten.

Aber plötzlich fiel Bertil ein, dass ja bald Papa und Mama nach Hause kommen mussten, und er hatte es eilig, seine Kleider anzuziehen. Nisse zog sich natürlich auch an.

»Das wäre ein Spaß, wenn du mit mir nach oben kommen würdest«, sagte Bertil. »Du könntest innen in meiner Jacke sitzen, damit Mama und Papa dich nicht sehen.«

Nisse fand den Vorschlag sehr aufregend.

»Ich werde ganz still sitzen«, sagte er.

»Warum in aller Welt hast du so nasses Haar?«, fragte Mama eine Weile später, als die Familie am Mittagstisch saß.

»Ich habe gebadet«, sagte Bertil.

»Gebadet?«, sagte seine Mama. »Wo hast du denn gebadet?«

»In dieser da«, sagte Bertil und zeigte kichernd auf die Schale, die mit Gelee auf dem Tisch stand.

Da glaubten Papa und Mama, dass er nur Spaß mache.

»Es macht doch Freude, Bertil wieder bei guter Laune zu sehen«, sagte Papa.

»Ja, mein armer Junge«, sagte Mama. »Es ist nur schade, dass er hier den ganzen Tag so allein ist.«

Bertil fühlte, wie etwas sich in seiner Jacke bewegte. Etwas Warmes, etwas sehr Warmes.

»Du musst deswegen nicht traurig sein, Mama«, sagte er. »Ich hab furchtbar viel Spaß, wenn ich allein bin.«

Und dann steckte er seinen Zeigefinger unter die Jacke und streichelte Nils Karlsson-Däumling vorsichtig.

JÜRG SCHUBIGER

Der Baumstrunk

Ich war im Walde seit längerer Zeit unterwegs. Hungrig und müde setzte ich mich auf einen Baumstrunk. So, jetzt wird gevespert, sagte ich, denn wenn ich mit mir selber spreche, fühle ich mich in guter Gesellschaft. Ich wollte eben mein Vesperbrot aus dem Mantelsack nehmen, da verschwand der Baumstrunk unter meinem Hintern, und ich fiel ins feuchte Laub.

Als ich mich wieder aufgerichtet hatte, sah ich, dass ein Prinz vor mir stand. Er war blond, hatte ein dunkelrotes Wams, dunkelrote Hosen, dunkelrote Schuhe mit silbernen Schnallen und weinte. Du hast mich erlöst, seufzte er, ich danke dir. Ich saß bei weitem nicht mehr so bequem wie vorher und war darum verärgert. War nicht meine Absicht, sagte ich.

Der Prinz sprach unbeirrt weiter, wie einer, der sein Maul lange nicht mehr gebraucht hat: Seit mehr als hundert Jahren hab ich darauf gewartet, dass einer sich auf mich hinsetzt und das Wort »Vesper« ausspricht. Du hast es getan, du hast mich befreit! Er erzählte mir die lange und langweilige Geschich-

141

te seines Lebens, an die ich mich nicht mehr erinnere. Ich weiß nur noch, dass ein Schiff, ein Pferd und ein Zwerg darin vorkamen und dass damals auch Vesperzeit war, als der Prinz in einen Strunk verwandelt wurde.

Was sollte ich mit dem Prinzen anfangen? Heiraten konnte ich ihn nicht, denn ich bin ja keine Prinzessin. Er hätte im Theater auftreten oder bei Umzügen mitgehen können, aber es war ja nicht meine Sache, ihn für solche Veranstaltungen zu empfehlen. Ich war erleichtert, als der Prinz erklärte, dass er jetzt gleich fortmüsse, um jemandem beizustehen. Wem er beistehen wollte, in welcher Not und wie, das habe ich vergessen. Er umarmte mich jedenfalls rasch und lief davon.

Ich blieb im feuchten Laub sitzen und langte nach meinem Vesperbrot. Nicht mal auf einen Baumstrunk kannst du dich verlassen, sagte ich. Wenn alle Baumstrünke Prinzen wären, wo kämen wir hin! Da hörte ich eine Stimme ganz nah an meinem Ohr: Hast du mich gerufen? Es war ein Zwerg, der neben mir stand. Nein!, sagte ich. Ich ess jetzt mein Vesperbrot. Lass mich in Ruhe! Aber du hast doch eben meinen Namen gerufen. Ich heiße Strunkel, sagte der Zwerg. Strunkel? Nie im Leben habe ich so ein Wort ausgesprochen, erwiderte ich. Strunk und Strünke, vielleicht, Strunkel niemals. Wozu auch.

Mein Gehör ist in letzter Zeit schlechter geworden, gestand der Zwerg.

Er tat mir Leid, so wie er neben mir stand. Stehend reichte er mir nur bis zur Schulter. Ich sagte: Vermutlich habe ich mit vollem Mund gesprochen.

Ich erzählte ihm dann von meinem Ärger mit dem Baumstrunk, und er hörte mir sehr aufmerksam zu.

Früher war es in dieser Hinsicht viel schlimmer, sagte er, als ich schwieg. Da gab es kaum einen Baumstrunk, der auch wirklich einer war. Kein Volk hätte alle die Prinzessinnen und Prinzen ernähren können, die damals im Wald herum verzaubert lagen. Aus einem Prinz wurde damals im Handumdrehen ein Pilz oder ein Blitz, aus einer Prinzesse wurde eine Zypresse, aus einem Pferd ein Kochherd und so weiter. Es kam auch vor, dass eine Tanne bloß in eine Buche verzaubert war, dass ein Bauer sich in eine Bäuerin und dass eine Walnuss sich sogar in eine andere Walnuss verwandelte.

Entsetzlich, sagte ich.

Ja, fuhr der Zwerg fort, man wusste nie, woran man war. Sogar die eigenen Kinder waren möglicherweise gar keine Kinder, sondern zum Beispiel Rinder. Viele Menschen zweifelten zu dieser Zeit an sich selbst. Sind wir auch wirkliche Menschen?, fragten sie sich. Beinahe jedes Wort, das man aussprach, löste entweder einen Bann oder verzauberte etwas. Das war ein Kommen und Gehen von Dingen und Menschen, dass einem schwindelte!

Da bist du wohl sehr alt, wenn du das alles erlebt hast?, fragte ich.

Ja, sagte der Zwerg, ich bin über zehntausend Jahre alt.

Als ich ihn fragte, ob er immer ein Zwerg gewesen sei, lachte er. Eigentlich bin ich gar kein richtiger Zwerg. Ich bin im Grunde genommen ein Baumstrunk. Darum heiß ich auch Strunkel.

Und heute ist der Tag gekommen, da ich für immer von meiner Zwergengestalt befreit und wieder zu einem Baumstrunk werde.

Wieso gerade heute?, fragte ich.

Weil ich nur dann zum Strunk werden kann, wenn ein Strunk bereit ist, zu einem Menschen zu werden. Und das wollen die wenigsten Strünke. An dieser Stelle aber ist das soeben geschehen.

Der Zwerg hatte mehr als zehntausend Jahre auf seine Erlösung gewartet. Jetzt war er ungeduldig. Er bat mich, von meinem Platz wegzurücken, damit er sich da hinkauern konnte, wo der Strunk gewesen war. Dann musste ich mich auf seinen Rücken setzen. Ich tat es und fühlte auch sogleich wieder den alten Baumstrunk unter mir. Aaa!, seufzte er wie einer, dem sehr wohl ist.

Wenn du ein richtiger Strunk bist, so hältst du dein Maul, sagte ich.

Schon gut, ich schweige, antwortete der Baumstrunk. Du kannst dich auf mich verlassen.

Fortan sagte er tatsächlich kein einziges Wort mehr.

Quellenverzeichnis

Martin Auer, Der Wind und die Wünsche, aus: ders.: Wunschgeschichten, Verlag St. Gabriel, Mödling-Wien 1995, © Martin Auer

Alexander N. Afanasjew, Schwesterchen Aljonuschka und Brüderchen Iwanuschka, aus: Russische Volksmärchen, Herausgegeben und ins Deutsche übertragen von Swetlana Geier, © Winkler Verlag, München 1985

H. Ch. Andersen, Das Feuerzeug, aus: ders.: Sämtliche Märchen, hrsg. v.Erling Nielsen, aus dem Dänischen von Thyra Dorenburg, © Winkler Verlag, München

H. Ch. Andersen, Der Flachs, a.a.O.

Ludwig Bechstein, Der weiße Wolf, aus: ders.: Kinder-und Zaubermärchen, neu ausgewählt von Elisabeth Scherf, © Deutscher Taschenbuchverlag, München 1984

Ludwig Bechstein, Mann und Frau im Essigkrug, a.a.O.

Italo Calvino, Prinz Krebs, aus: Italienische Märchen © Manesse Verlag, Zürich 1975

Brüder Grimm, Das Wasser des Lebens, aus: Grimms Märchen 2, insel taschenbuch 113

Brüder Grimm, Tischchen deck dich, Goldesel und Knüppel aus dem Sack, aus: Grimms Märchen 1, insel taschenbuch 112

Brüder Grimm, Schneeweißchen und Rosenrot, aus: Grimms Märchen 2, insel taschenbuch 113

Brüder Grimm, Die treuen Tiere, aus: Grimms Märchen 3, insel taschenbuch 114

Nazim Hikmet, Allem-Kallem, aus: ders.: Die verliebte Wolke, Märchen. Kinderbuchverlag Berlin

Astrid Lindgren, Nils Karlsson- Däumling, aus dem Schwedischen von Karl-Kurt Peters, aus: dies.: Märchen, © Verlag Friedrich Oetinger, Hamburg 1998

A.A.Milne, Prinz Karnikel, aus: ders.: Prinz Karnikel und Die Prinzessin, die nicht lachen konnte. Aus dem Englischen von Inge M. Artl, © der Übersetzung bei Verlag Carl Ueberreuter 1966, © der englischen Originalausgabe bei Edmund Ward Verlag, vermittelt durch: Curtis Brown Group Ltd. & Agence Hoffman, München

Erwin Moser, Der Wunschhase, aus: ders.: Der einsame Frosch. © Beltz und Gelberg in der Verlagsgruppe Beltz, Weinheim & Basel

Benno Pludra, Ein Mädchen fand einen Stein, aus: Sechs Märchen von Benno Pludra, Kinderbuchverlag, Berlin 1994, © Benno Pludra

Annie M.G. Schmidt, Schnippelchen, aus: Hexen und so.., Deutsch von Anna Valeton, Verlag Friedrich Oetinger, Titel der Originalausgabe: Heksen enzko, 1964, Amsterdam, © Querido

Jürg Schubiger, Der Baumstrunk, aus: ders.: Als die Welt noch jung war. © Beltz und Gelberg in der Verlagsgruppe Beltz, Weinheim & Basel

Michel Tournier, König Goldbart, aus dem Französischen von Hellmut Waller, Arena Verlg, Würzburg 1992, © der französischen Originalausgabe bei Editions Gallimard, Paris, 1980, © des deutschen Textes bei Verlag Hoffmann und Campe, Hamburg